中国小说入门寻味

刘亚卓　编著

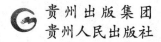

贵州出版集团
贵州人民出版社

出版说明

　　兴趣是最好的老师,知识的学习更是如此。如果学习者缺乏兴趣,阅读就将是一个枯燥无味的过程,轻松快乐的学习也就无从谈起。基于这样的事实,本着"兴趣阅读、快乐学习"的理念,我们经过深入调研,与国内的众多专家学者及一线教师全力合作,为所有希望将学习变得轻松愉快的朋友奉献上"快乐阅读"书系。

　　"快乐阅读"书系,以知识的轻松学习为核心,强调阅读的趣味性。它力求将各种枯燥无味的知识以轻松快乐的方式呈现,让读者朋友便于理解接受。它的各种努力,只有一个目标,即力图将知识学习过程轻松化、趣味化。读者朋友在阅读过程中,既能保持心情愉快,又能学有所得。在轻松愉快的氛围中学习,让知识学习成为读者朋友的兴趣,本身就是提高学习效率最有效的途径。

　　"快乐阅读"书系首批图书分为"语文知识"、"作文知识"、"数学知识"、"文学导步"、"文学欣赏"、"语言文化"、"个人修养"七大板块,各个板块之下又有细分。英语、生物、化学等相关的知识板块将会在以后陆续推出。针对不同学科知识的特点,本书系以不同的方式来达到轻松快乐的目的。要么是以故事的形式,在故事的展开之中融入相关知识;要么是理清该知识点的背景,追根溯源,让读者朋友知其然,更知其所以然,让理解更为轻松。总而言之,就是以最恰当的方式呈现相关的知识。

　　希望这套"快乐阅读"书系能陪伴每一位读者朋友度过美好的阅读时光。

编　者

2014 年 5 月

目　录

中国小说入门寻味

开篇导游

在我们的认识里，小说是通过塑造人物、叙述故事、描写环境来反映生活、表达思想的文学体裁，生动的人物形象、完整的故事情节，以及人物活动的自然和社会环境是它不可缺少的元素。可是，如果我们抱着这样的概念去翻看中国古代的小说，往往会感到有点奇怪和别扭，因为不少古代的小说或者小说集，如果用现代小说的标尺去度量，难免会让人觉得不伦不类，它们既像小说，又似散文。为什么会这样呢？这不得不先从"小说"二字的来历说起。"小说"作为一个词汇最早现身于《庄子·外物》："夫揭竿累，趣灌渎，守鲵鲋，其于得大鱼难矣；饰小说以干县令，其于大达亦远矣。"这句话的意思是说：举着细小的钓竿钓绳，奔走于灌溉用的沟渠之间，只能钓到泥鳅之类的小鱼，而想获得大鱼可就难了。靠修饰琐屑的言论以求高名美誉，那和玄妙的大道相比，可就差得远了。庄子这样说是因为春秋战国时，学派林立，百家争鸣，许多学人策士为了说服王侯接受自己的思想学说，往往设譬取喻，旁征博引，巧借神话，多用寓言，以便修饰言说以增强文章的效果。庄子认为这些都很微不足道，所以称之"小说"，即"琐屑之言，非道术所在"的"浅识小道"而已，也就是

《中国小说史略》书影

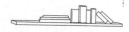

琐屑浅薄的言论与小道理之意,而这正是"小说"二字最初的含义。这虽与后来所说的小说含意不同,但因其对"小说"二字所带着的轻视之意,也就预示了小说在中国古代文学中一直被正统文人鄙视的憋屈地位。小说被看作一种著作类型见于《汉书·艺文志》:"小说家者流,盖出于稗官,街谈巷语,道听途说者之所造也。"总的来说,古时候的"小说"二字就是指篇幅短小、意旨无关宏大、带有传闻性质的记载,其中与现代文学所说的小说有关的只是一部分而已。

中国古代小·说的发展概况

中国古代小说的形成经历了一个漫长的时期,远古的神话、先秦的史传、寓言以及诸子散文、民间传说等等,但凡带有一定故事性、有意或无意包含着虚构成分的东西,都是小说在孕育过程中吸取的养分,只是它们都散落在各种书籍里,有的甚至已经消失,因而不为人们所注意。直到魏晋南北朝,才集中出现了一批专谈神异灵怪和人物轶事的著作,这些被称为"志怪"和"志人"的作品奠定了后世中国古代小说最重要的两大类别的基础,而此时,小说正如孩童般刚刚迈开它在漫长的中国文学发展史中的成长步伐。

大凡在人类文明的早些时候,人们都是相信鬼怪神灵这些东西的。按照鲁迅先生《中国小说史略》中的说法,由于受了民间巫风和佛道宗教等影响,古人不仅相信鬼神灵异的事情确实是存在的,而且热衷于把这些事情记录下来。不管是出于宣传宗教迷信,还是出于搜奇猎怪的好奇心,古人记录这些神怪事件的作品便成为最早的记载"街谈巷语,道听途说"的小说之一。"志人"小说,顾名思义就是记录人物事迹的小说。先秦的各类历史著作和诸子百家中有不少以人物事迹或者言行为中心的作品,魏晋以后的志人小说,便是借鉴了寓言和史传中记载人物言行片段的手法,以记录人物轶闻琐事作为主要内容。魏晋南北朝"志怪"与"志人"小说的出现,开启了我国早期小说发展一个较为繁盛的时期，志人小说如南朝宋时刘义庆的《世说新语》，志怪小说有晋代干宝的《搜神记》，都是较有代表性的作品。有人把这一时期比喻为中国古代小说的童年期。蹒跚起步中的这些小说作品都体现了"志"的特点，即一种搜集记录。他们的作者相信所写的都是实际存在的，强调的是事物的"真实"，距离我们现在所讲的艺术的真实还有很大的差距。这一时期小说的特点是情节结构比较简单、粗略，多截取人物的只言片语，或是对事情简单的记录，被称为笔记小说，还谈不上创作，所以这一时期的小说常常被归为历史类的作品。

　　唐代是中国封建社会经济和文化都高度发达的黄金时代。一说起唐代文学的成就，我们立刻就会想起唐诗，其实，除了唐诗，唐代小说的成就同样光耀千古。鲁迅在《中国小说史略》中说"小说亦如诗，至唐代而一变"。仅在数量上，唐代小说就显现出一片繁荣的景象，宋代《太平广记》一书所收录的唐代单篇小说作品就有40余篇，专集40余部，总数约有千篇。更重要的是，中国古代小说在这里实现了蜕变——唐人所写的小说不再是对事实的一种简单记录，而是开始成为文人们一种有意识的创作。从艺术成就上看，唐代的小说虽然篇幅还不是很长，但大都人物形象鲜明、情节曲折、结构完整，而且文辞华美，与早期"粗陈梗概"的六朝小说已不可同日而语。唐代的这些文言短篇作品，被称为"传奇"。唐代比较有名的"传奇"有白行简的《李娃传》、元稹的《莺莺传》、李朝威的《柳毅传》、沈既济的《枕中记》、李公佐的《南柯太守传》等。这些"传奇"作品，是中国文言短篇小说走向成熟的里程碑。

　　"传奇"这种用文言创作的短篇小说在唐代达到了兴盛的顶峰，到宋代开始逐渐衰落。而此时，随着宋代大都市经济的兴起，一种从唐代开始出现的民间技艺"说话"逐渐流行起来，并催生了一种接近口语的小说样式——话本，白话小说由此诞生。相对于艰涩难懂的文言小说，白话小说更加"亲民"，因此普遍受到市民读者的青睐。所谓话本，就是民间"说话人"所用的底本。"说话"，是一种民间技艺，类似于今天的说书。"说"字在古代就含有故事的意思，如韩非子的《说林》，刘向的《说

苑》，都是故事的结集，隋代更以"话"字来称故事，因此，"说话"其实就是讲故事，但它不仅仅是口说，而且还要唱，因此，"说话"是一种讲唱艺术。宋代"说话"十分发达，遍及瓦子、勾栏、茶楼、酒肆、街头巷尾、宫廷寺庙、府第乡村，而且，不仅有专业的"说话人"，甚至还有专门编写话本的团体，以及"说话人"的行会。最初，话本不是供人阅读的，而是说话艺人自己用来揣摩备忘，或者作为师徒传授的。后来这些话本经过文人加工润色、印刷流传供人阅读，就变成了话本小说，成为一种故事性文体的专称。不同于文言小说的白话小说就这样诞生了。话本的出现是中国小说在发展历程中迈出的又一大步，对中国小说的发展有着极为深远的影响。文言讲究的是简练优雅，但这也让小说有了束手束脚的感觉，而近于口语的表达赋予了小说更灵活自由的生动姿态，话本相比于以前的小说有了许多新的发展。摆脱了文言的拘谨，小说的表现力得到了释放，故事性更强，情节更曲折动人，结构更加精巧，着重人物行动和对话的描写，并开始运用具有典型意义的细节刻画人物性格，环境描写真实生动，语言通俗、朴素而且富于幽默感。同时，由于文言小说对读者的文化水平要求比较高，而白话小说则面向的是广大的市民读者，使小说的读者面得到了扩大。话本作品的描写对象也由过去的表现封建士子为主转向了平民，尤其是市民，因而话本小说的思想观点和美学情趣等也随之市民化。

　　话本的出现改变了宋代以前以文言短篇小说为主流的中国古典小说的发展轨迹，白话小说由此登上历史舞台并成为小说的主流，但文言短篇小说也依旧沿着它的轨迹继续发展着。从此，中国小说史进入了文言、白话两条线索交互发展的阶段。它们既有各自的特点，又相互吸收、相互渗透，更加千姿百态，高潮迭起，小说也在中国文学史上占有了越来越重要的地位。

　　宋元时代，话本多是单篇流传，如今我们能看到的只有《简帖和尚》、《西湖三塔记》、《快嘴李翠莲记》等为数不多的作品。那一时代的话本大都是民间艺人的创作，流传于市井之间，这就给话本的保存和传世带来了困难。它们几乎都在民间流传的过程中亡佚了，即使是有幸保留到了今天的几十篇，也由于没有署名，致使不少作品至今弄不清写作的具体年代，尤其是宋元两代更难分辨，于是只好把它们统称为"宋元话本"。关于这些留存下来的宋元话本的身世经历，也成了现在学者们不断研究考证的一个重要内容。

和话本这一革命性的成就相比，宋元文言小说就像个不招人待见的小媳妇，常常被后来的读者和学者晾在一边。确实，有了"唐传奇"这颗耀眼的珠玉在前，这一时期的文言小说难免给人一种从高峰落入低谷的没落之感，难以吸引人们关注的目光。尽管从数量上看，宋元的文言小说超过前代，但若从质量而论则乏善可陈。宋元文言小说不仅虚构性和想象力不如前代，文字也过于平实，议论更加苛严，大量的笔记体小说更多的是资料性、知识性的价值，而文学价值不高。不过此时的文言小说也不是一无是处，受到当时发达的市井文化的影响，文言小说也在悄悄地发生一些变化。比如，在形式上它逐渐吸收了"说话"的一些特点，文字较唐传奇更通俗，描写也较具体细致。更为可贵的是，唐传奇所不具有的某些思想成分也随着时代的发展开始冒出一些新鲜的气泡。宋代对文言小说发展最大的贡献恐怕要算《太平广记》了。这是一部卷帙浩繁的类书，它收录了很多宋代之前的小说作品，特别是很多唐代"传奇"就是靠它才得以保留下来的。

元代文言小说延续了宋代的特点，在一片平淡中值得一书的最大亮点只有中篇传奇《娇红记》。它不仅继承和发展了宋代小说的新因素，而且在表现男女主人公对自由爱情的热烈追求和人物性格的深入刻画、故事情节的细致描写等诸方面，都已超出"唐传奇"，对后来的小说产生了很大的影响。

明代，小说的发展开始渐入佳境，文言、白话都沿着自己的道路向前发展，尤其是白话小说更是显示出勃勃的生机。话本在这一时期已不再只是说书艺人的专利，文人也开始模拟"话本"的体制创作小说，称为"拟话本"。冯梦龙的"三言"（《喻世明言》、《警世通言》、《醒世恒言》）

中国小说入门寻味

和凌蒙初的"二拍"(《初刻拍案惊奇》、《二刻拍案惊奇》)都是"拟话本"的代表作,它们的出现也在当时引领出一股"拟话本"的创作热潮。和宋元话本相比,"拟话本"的题材更加广泛,情节更加曲折,描写也更加细腻。

文言小说在经历了宋元两代的落寞之后,在明代终于又重新焕发了生气。瞿佑编撰的《剪灯新话》在明初的文坛引起轰动,再度唤起了文人们创作"传奇"的热情,并有力地影响着明清文言小说的创作。《剪灯新话》之后,明代不断地有一些传奇小说集问世,如李祯的《剪灯余话》、邵景詹的《觅灯因话》等,其中不乏一些文情并茂的佳作。

明中叶以后,商品经济的发达给社会带来了种种微妙的变化,紧贴社会生活的小说在表现的内容、思想等方面也悄然地反映着这些变化,显现出与时俱进的时代特色。明代小说最大的成就是长篇小说。元末明初之际一部《三国演义》开创了中国古典章回小说的时代,从此,中国小说史从以短篇小说为主进入到以长篇小说为主的新阶段。明代"四大奇书"最能体现出明代长篇小说在不同题材间的成就:《三国演义》既是历史上第一部长篇小说也是一部典范的历史小说;《水浒传》既是第一部全面描写农民起义的巨著,也是一部典范的英雄传奇小说;《西游记》既是第一部长篇神魔小说,也是一部典范的神魔小说;《金瓶梅》既是第一部写世情的长篇小说,又是第一部由文人独立创作的长篇小说。这"四大奇书"各自开创了一个长篇小说的创作领域,它们的巨大成就深刻地影响着长篇小说的创作,以至形成了长篇小说创作的几个系列:"三国"系列、"水浒"系列、"西游"系列、"金瓶梅"系列。长篇小说的发展和繁荣对社会文化思想和人们的精神生活也产生了深刻的影响。

中国古典小说发展到清代真正步入了最辉煌的顶峰。从17世纪中叶至二十世纪初的两百多年间,小说空前繁荣,不仅产生了《聊斋志异》、《儒林外史》、《红楼梦》这三部思想和艺术成就都达到古代小说巅峰的作品,而且在小说样式上也更加丰富多彩:文言短篇小说中,出现了故事和议论相结合的创新;文言长篇小说的出现更是对传统的一种突破;白话短篇小说继承了宋元话本的传统,在"三言二拍"的影响下,出现了更多的专题集;长篇小说领域中,出现了以《儒林外史》为代表的讽刺小说,至晚清逐步演化为"谴责小说"、"黑幕小说";由《金瓶梅》所开创的世情小说至《红楼梦》达到巅峰,而其末流则嬗化为"狭邪小说"。从内容上看,清代小说体现出融合的趋势,历史演义和英雄传奇互相交融,公案小说与侠义小说融为一体,人情小说的因素被植入侠义小说之中……清代小说发展的种种演进、蜕变,既有自身的原因,又受到时代、社会环境的影响,无不体现着文学发展过程中的规律性。清代小说在《红楼梦》之后逐渐由盛而衰,直至晚清才又繁荣起来。"谴责小说"是这个时期的最大亮点。此时的中国社会正处于封建社会分崩离析的大变革时代,小说的发展也进入了从古典小说向近现代小说转变的时期,而这种转变的痕迹在《孽海花》、《海上花列传》等小说中已经显露出来。

中国古代小说发展的特点

从以上粗略的线索中,我们对中国古代小说的发展有了一个简单的认识,但我们还无法从中感受到小说的发展在古代中国所经历的艰辛。与小说在西方文学史上的尊崇地位不同,小说在中国可以说是出身卑微,而这一特点对中国小说的发展产生了极其重要的影响。小说在孕育之始就已经被贴上了"小道"的标签,在中国古代文人所推崇的"文以载道"思想支配下,"小道"出身的小说在漫长的封建社会里,一直受到正统文人的鄙视。如今流传下来的古代小说,如果我们稍加注意就会发现,它们的作者大都是郁郁不得志的落魄书生。在当时,成为一个小说家,不仅不是草根出人头地的捷径,或许还会连累了作者作为"读书人"的名声,于是我们就不难理解,为什么很多古代小说的作者喜欢"隐姓埋名",有的甚至连笔名也不曾留下。经过漫长的历史发展,古代小说的数量之多令人吃惊,但不得不承认的是,小说的精品却少之又少,而且小说的内容题材因袭重复的多,独立原创的少。这些令人遗憾的特点,

中国小说入门寻味

与小说在古代的低下地位不能说没有一点关系。就像一个人童年的生长环境必然会对他的性格和人生产生深刻的影响一样,小说从诞生开始就是在封建主流文化的鄙视和压制中艰难而缓慢地前行的,这样的成长环境从某种程度上也塑造了中国古代小说的独特气质。

小说在中国另一个不得不说的特点是史传对它的深刻影响。小说的源流始于上古神话,而史传也同样以神话为源头。但这"一母同胞"的两兄弟却有着截然不同的命运。中国人十分重视历史,史书的编撰历朝历代都受到统治者的高度重视,因而十分兴旺发达。"丛残小语"的小说在正统文人"每訾其卑下"的歧视眼光中,只好拼命拽着史传这位大哥的衣袖,依附在它巨大的身影下生存成长。或许是为了证明自己存在的价值,小说常常以记录历史来标榜自己,小说家们往往声称自己既然没有资格参与撰写正史,就只好收集一点正史未记载的事情,起到为正史拾遗补缺的作用。因此,小说在古代往往被评论家称为稗史,或者叫野史。小说与史传的界限在古代总是很模糊,像唐代的《酉阳杂俎》、清代的《阅微草堂笔记》等很多小说集都是小说与笔记、实录兼而有之。在漫长的发展过程中,史传文学的烙印被深深地印在中国古代小说的身上。这从小说特别喜欢用"传"、"记"、"史"、"外史"、"录"等命名就不难看出。从小说的体例笔法来看,即使是虚构的故事,小说家也极力想让读者相信他写的故事是真实的,因此,往往模仿史传传记的笔法,在开头交代事情发生的时间地点,人物的家世生平,结尾交代故事的来源、人物的结局。而中国小说夹叙夹评的模式,以及全知的叙事方式等也同样是受了史传的影响。

如果说这些还只是外在的包装形式的模仿,那么"春秋笔法"应该就是小说从史传中学习到的神髓了。"春秋笔法"是孔子开创的一种历史叙述的方式和技巧,是我国史传行文的一大传统,也叫"春秋书法"或"微言大义",即作者将自己的褒贬委婉地表现在文章的记叙中,而不是通过直接发表议论来表达。这样的笔法也被小说家们用于小说创作之中,这或许和他们坎坷卑微的身世经历有关。小说在封建社会是不登大雅之堂的东西,写小说的人大多是科举功名上不得志,才转而从事小说创作的。人生的失意往往使他们都有一腔义愤,而在封建专制的现实境况中,为避免惹祸上身,他们以史家暗寓褒贬的笔法发泄胸中的义愤,既是自保也是无奈的选择。

　　读过古代小说的人一定会有这样的感觉:小说的作者常常喜欢充当道学先生,让好好的故事充满了说教味。小说的这个毛病既是儒家"文以载道"思想的实践,也和"史以道义"的史学传统脱不了关系。古人认为,写史传重要的是要让读者知道什么是应该做的事,什么是不应该做的事。受此影响,古代的小说家们特别喜欢给小说打上教化的标签,常常把儒家的政治教化、伦理道德、纲常名教等一股脑地融进小说,自觉或不自觉地担当起了教化世人的职责,形成了古代小说"惩劝教化"的传统模式。很多小说,如《喻世明言》、《警世通言》、《醒世恒言》、《型世言》等,从书名上就向读者传递出浓厚的说教意味。除以上几方面之外,古代小说对人物的重视和刻画方法等也都和史传中的人物传记有着直接的渊源。总之,史传对古代小说的影响可谓是全方位的,因此,历代读者在阅读小说时常把小说与历史混为一谈的现象也就不足为怪了。

古代社会世情百态的缩影

　　与高悬于庙堂之上的史传相携而行,小说的低起点虽然让自己走上了一条步履艰难的长路,但也正是因为一直以来的低姿态,使它始终能与广大的人民群众打成一片。中国的小说来源于民间,作为人民群众认识社会和文娱生活的主要文学样式,它在成长的每个阶段都吸收了来自民间的养分。从初时"残丛小语"的稗官野史到后来各种类型小说的百花齐放、繁荣发展,不同时代的优秀文人作家都在参与、加工民间创作和学习的过程中推动了小说艺术的前进步伐。小说的内容也无不反映出人民群众的思想和愿望以及社会生活的实际。也许你会质疑,古代小说中那么多神仙鬼怪的故事怎么会是反映了社会生活的实际呢? 姑且不

说最初的志怪小说是被作者当作真人真事来记录的,就是如《西游记》这样人物、情节天马行空的神魔小说,也可以说是现实社会的折射。西天路上的"九九八十一难"和各路妖魔鬼怪,还有天宫里昏庸无能的玉帝、神仙,其实都来自于作者对现实世界的提炼加工,他不过是在用奇幻的想象和戏谑的笔触曲折地表达自己对现实的不满和讽刺而已。

小说与现实生活的亲密无间,也体现在它涉入社会生活的广度和深度上。帝王将相的历史风云,绿林草莽的英雄侠义,商贾市民的日常生活,才子佳人的郎情妾意……人世间的千姿百态全都浓缩在小说的文字里。从各种各样的故事里,我们还可以看到古代知识分子、市井民众对统治者的态度,以及他们对当时社会的认识与批判。古代小说家们正是用丰富多彩的故事,给后人留下了一幅在官方史书中所看不到的、更加生动立体、散发着浓郁生活气息的历史画卷。如果你想了解古代的世情风貌,探寻古人的生活、思想,不用感慨没有人发明时光机,阅读小说就可以帮你实现时空穿越,在文字中触摸到不同历史时代的脉搏。

这本书以小说形态为线索,沿着古代小说由短到长、由简到丰的演进轨迹,选取了不同类型小说在不同时代的部分代表作品进行介绍,希望以一种简单通俗的方式,为愿意了解中国小说的读者提供一座走进古典小说世界的桥梁。由于水平有限,书中难免会有疏漏与错误的地方,诚心希望读者予以指正。如果这本书让您有了进一步阅读和了解中国古代文学的兴趣,那便是对这本书的编著者最大的肯定与鼓励。

第一章

笔记小说：小说与野史的混搭

　　清朝乾隆年间著名的大才子纪晓岚有一部名气很大的作品《阅微草堂笔记》，如果只看这书名，相信谁也不会把它和小说联系在一起，可事实是，在文学史上这部书总是被归入小说一类。有句俗话叫做"文史不分家"，这话放在古代小说身上，大概也是错不了的，而最能体现这一点的，就是《阅微草堂笔记》这一类被称为笔记体的文言小说。在中国古代小说的发展过程中，"笔记体"是初始期小说最主要的形式，并且一直在中国小说史上占有重要的位置。

　　在"笔记"这个词的不同释义里，有一条是指"一种以随笔记录为主的著作体裁，多由分条的短篇汇集而成"。这种著作体裁在古代是记录史学的一种文体。那么，笔记这种文体和小说怎么会联系在一起呢？这又回到了小说的"出身"问题。班固在《汉书》的《艺文志》中将"出于稗官，街谈巷语，道听途说者之所造也"均称为小说，而记录这些"街谈巷语，道听途说"的笔记，自然就被归入"小说"一类。笔记和小说就这样结下了不解之缘，而且常常被混

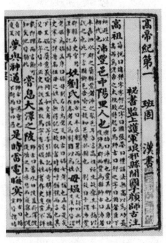

《汉书》书影

为一谈。笔记这种文体与史学的渊源,使得它所记录的这类"街谈巷语,道听途说"的内容常常被人当做野史轶闻,混进史料的队伍,给后人谈说历史增添了不少有趣的谈资。由于笔记的形式随便,也没有确定的格式,什么见闻杂录、考订辨证之类都可以用上,所以古代笔记的内容非常广泛驳杂,天文地理、朝章典制、草木虫鱼、风俗民情、学术考证、鬼怪神仙、艳情传奇、笑话奇谈、逸事琐闻等无所不包。如果你想全方位地了解中国古代社会,这些百科全书似的笔记可是一个值得仔细挖掘的大宝库,历史研究者可以利用它增补辨证正史的阙失,文学研究者可以从中考察某一时代的文坛风气、文学作品的源流嬗变,研究专门史的人可以从中挖掘资料,文艺创作者还可以从中寻找素材。古代这些浩如烟海、种类繁多的笔记当中,比较接近现今小说的只是其中一部分。这类小说兼有"笔记"和"小说"的特征,"笔记"作为一种散文文体,可以叙述,也可以表达别人及自己的思考和观点,当它与"小说"这种带有故事性的叙述和创作结合在一起,就形成了夹叙夹议的风格。在史书体例的影响下,笔记体小说喜欢标榜所记之事确有其事,是以史家的态度书写笔记,在艺术表现上,故事情节也体现出记录的特点,没有特别铺张的情节发展,多为直线,而且缺乏人物刻画与心理描写,总体来看具有情节简单、篇幅短小、语言简约、注重说理的特点。这种笔记加小说的特点不仅表现在笔记体小说上,而且也体现在历代的很多小说集里,比如《西京杂记》《酉阳杂俎》《夷坚志》等。除了一部分是小说外,还有很多非小说的笔记混杂在里面。

笔记体小说的历史可谓源远流长,先秦典籍中就已经出现了类似的内容,在魏晋时已十分盛行,至唐、宋时笔记小说得到进一步充实发展,到了明清两代笔记小说更加风靡兴盛。鲁迅在研究中国小说时,将笔记小说分为"志人"和"志怪"两种主要类型。从晋代的《搜神记》到清朝的《阅微草堂笔记》,志怪一类始终是古代小说的一支中坚力量,长盛不衰,不仅数量庞大,而且影响深远,神异鬼怪的故事从笔记小说走进后世各类小说中,成为中国古代小说最热衷的题材,内容丰富多彩,作品更是数不胜数。早期的志怪小说突出的是"志"的特点，重在记录神灵怪异之事，发展到后来，小说的创作者更多是借灵怪的故事作为表达自己思想的手段。明清时期，由志怪小说发展而来的神魔小说，更是把借妖魔鬼怪讽刺现实的精神发挥到极致。"志人"是和"志怪"相对而言的，是鲁迅从"志怪"推衍出来的。志人小说流行于魏晋六朝，是当时士族文人之间品评人物和崇尚清淡风气的产物。志人小说顾名思义是记录人物言行或轶事的一类作品，由于这类小说记录的大多是历史上真实人物的逸事、琐言，因此在某种程度上可以当作史料来阅读。魏晋六朝时的志人小说在数量上仅次于志怪小说，魏邯郸淳的《笑林》、东晋裴启的《语林》、郭澄子的《郭子》、南朝沈约的《俗说》等都是当时颇为著名的志人小说。成就和影响最大的志人作品则是南朝刘义庆的《世说新语》。可惜的是，这些作品流传至今的却很少。志人小说多以真人真事为描写对象，篇幅短小，语言简练朴素、生动优美，言约旨丰，尤其善于运用典型细节描写和对比衬托的手法，突出刻画出人物某一方面的性格特征，这些艺术特点对后世小说都产生了深远的影响。

　　笔记小说，用今天的眼光来看算得上是最不像小说的小说，但它之于中国小说的地位却举足轻重。魏晋南北朝以志怪和志人为代表的笔记小说开启了后世小说的先河，而这种小说体式在历代的小说作品中都占据了重要地位。无论是在人物刻画、细节描写，以及叙事语言等小说创作的技巧方面，还是故事题材等内容方面，笔记小说都为后世的小说创作提供了丰富的养分。下面我们就从不同时代具有代表性的笔记小说中一起来了解这种最具中国特色的小说吧。

古代神话传说的传播者——《搜神记》

　　小说在中国最初的功用是记录，而记录的内容大多是一些未经证实的传闻传说、奇谈怪事，这其中就有很多神灵怪异的故事。这也难怪，猎奇是人类一种普遍的心理，所以小道消息、八卦新闻传播的奇闻异事总

是让人产生莫名的兴趣。即使是在现代社会,科学发展已经一日千里,信息的传播也高度发达,但人们依然对一些灵异的传闻、新奇的现象充满好奇,那么在科学非常不发达的古代,人们对神灵鬼怪故事表现出的特别关注也就顺理成章了。中国人在小说中记录这类神怪故事的传统如果从魏晋时代的"志怪"小说开始算起,一直持续了一千多年。在流传至今的那个时代的志怪小说中,《搜神记》是保留得最完整的一部志怪小说集,它不仅是古代"志怪"小说的先驱之一,就是在中国古代小说的发展过程中也堪称鼻祖。

《搜神记》写于东晋,它的作者干宝是当时的一位官员和史学家。干宝,字令升,祖籍河南新蔡,父辈时已迁居浙江海盐。他的家族自三国后期便多在吴国做官,他的祖父叫干统,是吴国的一位将军,父亲干莹做过丹阳丞。干宝一生也做过不少官,历任过的官职有山阴(今绍兴)令、始安(今桂林)太守、司徒右长史、散骑常侍等,另外还获封为关内侯。干宝于东晋永和七年(351年)秋去世,葬于灵泉(今浙江海盐)。从此,干氏子孙也在海盐落地生根,不断繁衍,如今干姓已成为当地的一大地方姓。如果你去到那里,随便遇到一个姓干的当地人,没准就是干宝的后代呢。

《搜神记》书影

干宝学识渊博,年轻时就博览群书,显露了出众的才华,被人推荐担任著作郎。后来又经中书监王导推荐,领修国史,著有《晋纪》二十卷。除了著史之外,他的著述涉及经、史、子、集四方面,是个难得的通才,除《搜神记》、《晋纪》之外,他的著作还有《春秋左氏义外传》、《春秋序论》等。此外,他还是个造诣极深的易学专家,著有《周易注》、《周易爻义》等数十篇。史料上记载的和专家已收集到的干宝所著的书目达到 26 种, 近 200 卷。

干宝塑像

　　据史书记载, 长于写史的干宝之所以写了《搜神记》这么一本小说, 是因为他经历了两段在现代人看来不可思议的怪事。这两件怪事都发生在他自己家里。一件是: 干宝的父亲很宠爱一个婢女, 因此引起了干宝母亲的强烈嫉妒。后来, 干宝的父亲死了, 在下葬的时候, 干母趁机把那个婢女推到墓里活活地殉葬了。过了十几年, 干宝的母亲也死了, 家人准备将她与丈夫合葬。他们打开干父的坟墓, 竟然看到那个殉葬的婢女还伏在棺材上, 而且像活着一样, 于是众人就把她运回家中。过了几天这个婢女竟苏醒过来, 说干宝的父亲在阴间依然对她很好, 经常赏给她好吃的食物。这个婢女还学会了预卜吉凶, 且非常灵验。后来她不仅嫁了人, 还生了孩子。另一件事是: 干宝的哥哥一直身体不好, 有一次气绝身亡, 但几天过去了身体依然是温热的。家人准备把他安葬了, 却没想到他竟然"死而复生", 说自己见到了天地间许多鬼神, 在冥间游玩了一番, 并不知道自己已经归天了。依我们今天的眼光来看, 记在史书里的这两个故事荒诞离奇, 缺乏可信度, 但古人的科学知识有限, 对很多现象无法作出解释, 因此他们往往就把这些奇闻异事视为神鬼的力量, 形成了迷信鬼神的传统。据说干宝本人就十分迷信, 史书上说他"好阴阳术数", 所以他对鬼神是深信不疑的。受家中这两件异事的触动, 他开始竭力搜集古今的神怪传说, 并把当时社会上许许多多千奇百怪的民间传说记录下来, 写成了这本《搜神记》。干宝在《自序》中称:"及其著述, 亦足以发明神道之不诬也。"可见他写《搜神记》的初衷就是想通过搜集这些神异的故事, 证明鬼神确实存在。

　　《搜神记》全书搜集的神怪故事有 400 多个, 内容十分丰富, 有神仙

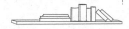

术士的变幻,有精灵物怪的神异,有妖祥卜梦的感应,也有佛道信仰的因果报应,还有人神、人鬼的恋爱故事。其中保留了相当一部分自西汉传下来的历史神话传说和魏晋时期的民间故事。虽然干宝著此书的目的在现代人看来是在宣传迷信,但是他却在无意之中为后世保留下了许多极其珍贵的神话传说。《搜神记》里的故事虽然大都荒诞不经,但确实也有不少反映古代劳动人民愿望和生活的内容。譬如《韩凭夫妇》以宋康王强占舍人韩凭之妻何氏之后,韩凭夫妇以死反抗的故事,鞭挞了统治者的荒淫无耻,歌颂了生死不渝的爱情。《干将莫邪》讲述的是吴国造剑名匠干将、莫邪夫妇奉命为楚王造剑,宝剑铸成之后却被楚王杀害,多年后他们的儿子眉间尺长大成人终于为父报仇的故事,从中反映出楚王的残暴和人民反抗的决心。《李寄斩蛇》则是通过小女孩李寄自告奋勇为村民除蛇妖的故事,颂扬了舍生忘死,为民除害的女英雄。这些故事虽然充满了神秘怪诞的色彩,但其中对统治阶级的残酷的暴露,以及对反抗者的歌颂,都体现了普通百姓的思想感情,因而这些故事常被后人传颂。

记载神鬼传说的古代典籍,除《楚辞》、《淮南子》外,《搜神记》称得上是集大成之作,从这个意义上来说,《搜神记》不仅是一本小说集,而且还是珍贵的研究资料,是我们研究中国古代民间传说和神话不可多得的宝藏。《搜神记》中所记的故事大多篇幅短小,情节简单,设想奇幻,富于浪漫主义色彩,具有很高的思想和艺术价值。而它对后世的文学、戏曲也有着深远的影响,很多后代的小说、戏曲、诗歌都从它这里找到了灵感来源。如唐代传奇中很多故事就是由《搜神记》中的故事演化而来,而代表着中国古代小说最高成就的《聊斋志异》、《三国演义》、《水浒传》、《西游记》、《红楼梦》等作品中,也有许多的情景和描述都是从《搜神记》中汲取营养和精华的。鲁迅先生的小说集《故事新编》中的《铸剑》,就是根据《搜神记》中的《干将莫邪》进行再创造而成的。在戏剧方面,家喻户晓的《天仙配》、《相思树》,与《搜神记》中的《董永》、《韩凭妻》有着直接的渊源,而元杂剧《窦娥冤》也是由《搜神记》里的《东海孝妇》演化而来。在诗歌方面,唐代诗人白居易的《长恨歌》,写杨贵妃死后,唐玄宗日夜思念,让道士施展法力求见贵妃魂魄,其情节就取自《搜神记》中的《李少翁》。遗憾的是,《搜神记》原书传至宋代已散佚,现在流传于世的二十卷本,据考,可能是明代胡应麟从《法苑珠林》及诸类书中辑录而成。后世还出现了一些《搜神记》的仿品,如托名陶潜的《搜神后记》十卷和宋代章炳文的《搜神秘览》上、下卷,但这些作品的思想艺术价值却无法与干宝的《搜神记》相提并论。

对于今天的普通读者而言,抛开书中作者宣扬的迷信思想,在那些简短的文字里寻找我们今天耳熟能详的许多传说故事的原始风貌,也是阅读《搜神记》这本古老的小说集的乐趣之一。

长安城的迷离往事——《西京杂记》

西安,在漫长的中国历史上它有另一个更为著名的名字——长安,两千多年的岁月为这座城市留下了遍地的历史遗迹。如今,历史赋予它的魅力正吸引着无数来自世界各地的旅游者。当你站在保存完整的宏伟城垣上,面对日益露出现代化都市风采的这座十三朝帝都时,你是不是也会对历史的沧桑,时代的变化生出些小小的感慨,发一番思古之幽情呢?如果你想多储备一些古代长安的历史知识,那么推荐给你一部流传了一千多年的笔记小说集《西京杂记》。与记录神怪故事的《搜神记》不同,这部小说集里没有神灵鬼怪的故事,它的风格很写实,确切地说更像一部杂史,但它和《史记》、《汉书》这些一本正经的史书也不同。这部书里记录了西汉时候很多有趣的人物、故事以及风俗,这些内容大多与长安有关,对我们了解西汉以及长安的历史很有帮助,而且我们还会发现,许多熟悉的西汉历史故事都能从这里找到流传的起点。

《西京杂记》所记内容的时间始于萧何营造未央宫,止于汉成帝、哀帝时代。书名中的"西京",是东汉人对西汉都城长安的称呼。书里描写的对象主要是西汉统治阶级与文人雅士,内容既有帝后公卿的奢侈好尚,宫殿苑林,珍玩异物,文人轶事,也有舆服典章,民风民俗等十分丰

富,其中还掺杂了一些怪诞不经的传说。这部书的特色在于它往往以极为短小精悍的篇幅来反映一个生动的故事,并通过这个故事折射出一定的社会意义。从小说的角度来看,以记载历史人物为主的《西京杂记》也是一部志人小说的代表,其成就虽然比不上后来的《世说新语》,但书里的很多故事仍广为流传,后世不少脍炙人口的汉朝人物故事首先就是出现在这部书里,如司马相如与卓文君私奔卖酒的传说便是其一。而流传最广的莫过于"昭君出塞"的故事:宫女王嫱因不肯贿赂画工以致远嫁匈奴,汉元帝见过王嫱之后懊悔不已,于是将宫中画工处以极刑。此外,此书中的其他故事诸如赵飞燕姊妹得宠于汉成帝的事迹,卓文君作《白头吟》、匡衡"凿壁借光"、东海黄公、淮南王成仙、秋胡戏妻等都成为后世的诗词、戏曲、小说引用或改编的内容。

在中国的文学界和史学界,《西京杂记》的知名度和使用频率都很高,里面的人物、故事常常被后人引以为典。但有趣的是,这又是一部让后世的文人、学者们又爱又恨的书,里面的故事是否可信,千百年来一直让他们很纠结,因为这部书的本来面目和真实身世都很扑朔迷离。最早载录《西京杂记》的是《隋书·经籍志》。该书所记的《西京杂记》共为两卷,可是到了南宋又出现了六卷本,是由藏书家陈振孙的《直斋书录题解》著录的。现在通行的《西京杂记》也是六卷,共一百余则,两万余言,但这是不是陈振孙所著录的六卷本已不得而知了。

《西京杂记》在历代都被视为伪书,这一方面是因为书中有很多怪诞不经、不足为信的情节,另一方面,这与它的作者到底是谁这一千古疑案也有很大关系。最早收录此书的《隋书·经籍志》没能考究出其真正的作者,所以没有署名撰写人,唐代的《西阳杂俎》以为它是南朝的吴均所作,而宋代出现的六卷本末尾却有了一篇东晋葛洪的跋文,详细介绍了这部书的身世。葛洪自称葛家有一部一百卷的汉代史书,是西汉宗室、大学者刘向传给儿子刘歆,然后刘歆又继承父业接着写下去的一部尚未编定成册的书稿,然而还没等到这部书最后完成,刘歆就因突发的朝政事变而自杀了。葛洪把后来流行于世的、东汉班固所著的《汉书》

与刘歆的这部书稿相比较，认为班固的《汉书》其实在很大程度上就是取材于刘歆的这部书稿，两者只不过是有一些小小的不同罢了。于是葛洪将刘歆原稿中与班固不同、而且又没有被班固收录的一些内容辑录了下来，编辑成了这部《西京杂记》。葛洪的跋文似乎把这部书的身世来历交代得清清楚楚了，但后人对葛洪的跋语并不相信，认为他是假托古人之名抬高自己而已，其实《西京杂记》就是出自葛洪之手。当然书中的故事也并非全是葛洪所撰，有些条目可能是他从当时所存典籍中摘取而来的。总之，关于这部书的作者问题，考证了上千年，直到今天也还没有考证出一个公认的结论。

作为一部充满了神秘感的笔记小说集，《西京杂记》的身世和真实性是留给文史学家研究解决的问题，作为普通的读者，我们大可不必为这些问题纠结，管它传闻也好，虚构也罢，是好故事我们就可以阅读和欣赏，若是偶尔能从莞尔一笑中收获一点感悟不也很好吗？

名士风骨的写意——《世说新语》

魏晋南北朝时有这么一群人，他们文才出众，狂放不羁；他们不事权贵，寄情山水，经常聚集在一起谈玄说理、饮酒作诗，以服食五石散追求长生不老为时尚；他们以特立独行、任情率真的言谈举止，追求不同于流俗的人生价值成为后世文人的偶像。这群人中有何晏、王弼、谢安、王羲之、孙绰、许询、竹林七贤等等，他们都是当时的社会名流，以他们这群人为代表的魏晋名士，形成了中国历史上绝无仅有的"魏晋风度"、"名士风流"，一直为千百年来的知识分子所欣赏和向往。他们这群人的言行轶事后来都被记录在《世说新语》这本书里。

《世说新语》，原名《世说》，撰写它的是南朝刘宋的临川王刘义庆。他原本是宋武帝刘裕的弟弟长沙王刘道怜的次子，十三岁就被封为南郡公，后来因为刘义庆的叔父临川王刘道规没有儿子就把他过继了去，因此袭封为临川王。作为一个王室宗亲，刘义庆有着很高的社会地位。他

中国小说入门寻味

年轻时曾跟随刘裕攻打长安，回来后被任命为东晋辅国将军、北青州刺史，徙都督豫州诸军事、豫州刺史。刘宋建立后，他担任过侍中、中书令、荆州刺史、散骑常侍、卫将军、江州刺史、南兖州刺史、开府仪同三司等一系列重要职务。但是他本人对政治并

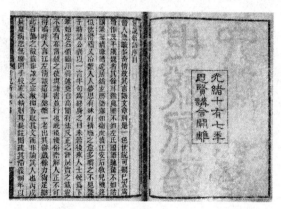

光绪十七年刻本《世说新语》

不热衷，而且当时刘宋皇室为争夺权力斗争得非常厉害，所以他选择远离是非。为了躲避宗室间互相残杀的不测之祸，二十九岁已位极人臣的刘义庆连尚书左仆射（相当于副宰相）的职位也不要了，主动请求外调。刘义庆是个"为性简素，寡嗜欲"的人，唯一的爱好就是文学。这位王室里的文学青年自幼就聪敏过人，深得伯父刘裕的赏识，曾夸奖他说："此我家之丰城也。"他很喜欢与文人、僧人交往，在他的门下聚集了很多当时有名的文士，如袁淑、陆展、何长瑜、鲍照等人都曾受到过他的礼遇。或许正是这种对文学的喜爱，对名士风流的追求，才促使他萌生了撰写《世说新语》这样一部记录魏晋以来名士言行、轶事的具有开创意义的小说吧。刘义庆38岁开始编撰这部《世说新语》。一般认为该书可能是他门下的文人根据史料和传闻编写的，他则是担任了"主编"的工作。可惜的是，《世说》一书撰成后不久，刘义庆就英年早逝，年仅41岁。

《世说新语》是魏晋南北朝志人小说的代表，也是古代志人小说的翘楚。书中所记录的人物包括了汉末到刘宋时期的一些名士，内容主要是他们的言行与轶事。全书分为德行、言语、政事、文学、方正、雅量等36个门类，每一类收有若干则，全书共1000多则。每则的文字也长短不一，多的数行，少的只是三言两语。书中所记内容有孝子、贤妻、良母、廉吏的事迹，也有揭露和讽刺士族中某些人物贪婪、酷虐、吝啬、虚伪的

行为，但这部书并不是以宣扬教化为目的，它对人物的褒贬体现出了比后世更为宽泛的标准。

书中大量记载的魏晋"名士风流"，让我们可以领略到魏晋士人的生活情趣、智慧和精神风貌。如《任诞》中记载，竹林七贤之一的刘伶，嗜酒如命而且任性放纵，他有时在家里赤身露体，有人看见了就责备他。刘伶却说："我把天地当做我的房子，把屋子当做我的衣裤，你们为什么要钻进我的裤裆里来？"另一则写王子猷住在山阴，一夜下雪，他忽然想到剡县去看戴安道，于是立刻登舟出发，行了一夜才到，等他来到戴家门口却又转身回去了。有人问他为什么，他却说："吾本乘兴而行，兴尽而返，何必见戴。"

《世说新语》的语言历来以简约传神，含蓄隽永著称。作为一部以人为描写对象的作品，书中对人物的描写有的重在形貌，有的重在才学，有的重在心理。作者总是抓住人物最有特征、最富于意味的动作和语言，常常只用寥寥数语，便生动地把人物的神韵展现在读者面前，犹如中国绘画的写意笔法，看似简单，却依然能达到气韵生动、跃然纸上的效果。如《俭啬》："王戎有好李，卖之恐人得其种，恒钻其核。"仅用十六个字，就写出了王戎的贪婪吝啬的本性。又如《雅量》记述顾雍在群僚围观下棋时，得到丧子噩耗，竟强压悲痛，"虽神气不变，而心了其故。以爪掐掌，血流沾褥"。一个细节就生动地表现出顾雍的个性。明代胡应麟在《少室山房笔丛》评价此书说："读其语言，晋人面目气韵，恍忽生动，而简约玄澹，真致不穷。"鲁迅先生曾把它的艺术特色概括为"记言则玄远冷隽，记行则高简瑰奇"。

《世说新语》是记叙轶闻隽语的笔记小说的先驱，一向受到古代文士的喜爱，后世的许多笔记小说在记人物言行时常常加以效仿。许多我们现在熟知的故事、典故、成语也都出自这部书，比如"周处除三害"、"望梅止渴"、"击鼓骂曹"等故事，成为后世戏曲小说的素材；"新亭对泣"、"子猷访戴"等也成为后世诗文中常用的典故；而"难兄难弟"、"拾人牙慧"、"咄咄怪事"、"一往情深"等成语更是数不胜数。

中国小说入门寻味

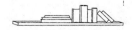

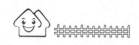

虽然时间跨越了十几个世纪,但《世说新语》中的人物和故事,及其所散发出的古人的见解力、思辨力和人格魅力,今天读来,依然令人拍案叫绝。与那些内容厚重的传统经典相比,《世说新语》是一部难得的能让人读起来轻松愉快,而且百读不厌的好书。

魏晋世情的另类记录——《幽明录》

如果要给中国历代的小说创作者评选一项"突出贡献奖",那么,刘义庆一定当之无愧地光荣上榜。这位南朝刘宋的临川王虽然没有独立完成过一部著作,但他却是一位对中国小说发展极有贡献的伟大主编。如果没有他主持工作,那么,代表中国志人小说高峰的《世说新语》就不会出现,而另一部六朝志怪小说的代表作《幽明录》也不会问世。

《幽明录》,亦作《幽冥录》、《幽冥记》,顾名思义,其中的"幽"、"明(冥)"二字,代表着鬼神和人间,它与《搜神记》一样都是六朝志怪小说的代表,而且是当时志怪小说中篇幅最长的一部。《幽明录》原书据传有30卷,但在宋代该书就已失传,因此,现在人们对这本书的内容所知甚少。鲁迅先生曾在《古小说钩沉》中辑集佚文260多条。《幽明录》与《世说新语》相似,也是刘义庆组织门下的文人根据前人旧说纂辑而成,所以书中有不少与《列异传》、《搜神记》、《搜神后记》相同的故事。不过《幽明录》与《搜神记》等志怪小说集相比也有自己与众不同的地方,那就是书中采录的旧籍记载较少,大多是晋宋时代新出的故事,而且很多是记述现实生活中士民僧俗等人的奇闻异事,书中充满了强烈的时代感和浓郁的生活气息。《幽明录》继承了仙怪题材的传统,但也不乏创新,尤其是在鬼怪的人情化方面有了较大的进步,许多作品不仅情节曲折,而且神怪形象多具人情,和蔼可亲,使作品更有现实感。其中的许多作品篇幅明显增长,有的已多达一千多字。一些篇章,如《水底弦歌》、《采菱女》、《狸说经》、《郭长生》、《费升》、《陈阿登》、《鱼腹丹文》和《方山亭魅》等,还引用了文人化的诗歌,使作品充满了诗情画意。可见《幽明录》已开有意为小说之先河。

《幽明录》创作于魏晋南北朝时期。这一时期指的是三国以来,迄至晋、宋、齐、梁、陈,这三百多年分合动荡的时代。政治局势的不安定,让百姓生活困窘,于是人们把心灵寄托于宗教信仰之中,冀求以鬼神之力祈福解祸。该书透过各种光怪陆离的情节,表达他们对统治阶层的抗议、对现实生活的不满。这时的许多文人开始写一些志怪小说,冥府游历的故事充斥于各种文献,在志怪小说里,有人类与神鬼的交锋,有现实与虚幻的交媾,有善恶的因果循环,也有真情的激动流露。志怪小说不仅成为他们情感宣泄的通道,更是心中理想和愿望的寄托。因此,我们在读《幽明录》中的故事时,不应只看到它因果轮回消极的一面。书中描写的人鬼神怪的故事在客观上也反映出人世间的现实和人们追求美好生活的愿望。其中比较突出的,便是描写青年男女对自由爱情的向往,爱情的力量可以冲破人与神、生与死的界限。此外,书中也生动地反映了不同历史时期的社会思潮,如汉代重儒尊经,老狸也能化为人与董仲舒论五经;魏晋尚清谈,公鸡也会和人谈玄理。不少情节奇幻的故事,则是佛教对中国本土文学产生巨大影响的折射。

在中国古代小说的发展经历中,《幽明录》贡献了许多故事原型,不断被后世作家取材开发。如书中刘晨阮肇入天台山遇仙女的故事曾广为流传,"刘晨阮肇"就被后世文人不断嵌入诗词,唐代张鷟的《游仙窟》和元代末年王子一的《刘晨阮肇误入桃花源》等作品皆取材于此。"柏枕幻梦"的题材对后世影响更大,唐代沈既济的《枕中记》、元代马致远《邯郸道省悟黄粱梦》、明代汤显祖《邯郸梦》以及清代蒲松龄的《续黄粱》等都是这一题材的演化。此外,"生死姻缘"一则是汤显祖《牡丹亭》的故事原型;庞阿和石氏女的故事是唐代陈玄祐《离魂记》、元代郑光祖《迷青锁倩女离魂》的来源;"金牛"与"淳于矜"等作品也是被唐传奇吸收发掘的题材。

同为魏晋南北朝时期的志怪小说集,《幽明录》总是被前辈《搜神记》的光芒所掩盖,然而,它题材广泛,内容丰富,故事曲折,文笔生动,

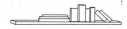

有很多切近现实的作品，这些都远非"搜神记鬼"的前代作品所能及，在艺术成就上它也大大超出了同时期其他的志怪小说，可以说，《幽明录》是南北朝时期最优秀的志怪小说集，也是一颗还没有被人充分重视其价值的明珠。

唐代社会的百科全书——《酉阳杂俎》

说起唐代的小说，自然就是唐传奇。各种文学史、小说史里，传奇名篇的篇目总是长长一串，唐代的小说史毋庸置疑完全是被传奇垄断了，以至于人们常常会忘记，在唐代依然有人还在孜孜不倦地用魏晋南北朝古人写作《搜神记》、《幽明录》那样的方式写作笔记小说，记录世间万象。

在唐代众多写作笔记小说的人中，有一个叫段成式的文人，他把搜集来的故事都辑录在《酉阳杂俎》这本小说集里。段成式，字柯古，祖籍山东临淄，出生于湖北荆州，在四川成都长大。他的父亲曾官至宰相，他也承父荫入官，当过秘书省校书郎、吉州刺史、太常少卿等官职。在文豪辈出的唐代，段成式这个名字对于今天的读者来说或许比较陌生，但在他所生活的晚唐，以诗文闻名的他也算得上是个文坛风云人物。他与李商隐、温庭筠号称"三才"，他们三人又因为擅长以四六体写章奏等公文，并且三人都排行十六，而为这种文体博得了"三十六体"的名称。在诗歌艺术上的成就，段成式自然比不上李、温二人，但他以《酉阳杂俎》在文学上的成就却一点也不输他的两位朋友。

不知道你是不是觉得《酉阳杂俎》这部书的名字既拗口又晦涩？其实这个书名和一个典故有关。酉阳，指的是小酉山（在今湖南沅陵），相传山下有石穴，里面有藏书千卷。秦朝时有人避乱隐居在这里学习。梁元帝为湘东王时，镇守荆州，他喜好收藏书籍，赋有"访酉阳之逸典"语。段成式常以家藏秘籍与酉阳逸典相比，又因这部书的内容广泛驳杂，所以取名《酉阳杂俎》，而"杂俎"就是杂录的意思。

《酉阳杂俎》共有三十卷，其中最后十卷为续卷。书中的内容包罗万象，有仙佛鬼怪、人事以及动物、植物、酒食、寺庙、天文、地理、科技、民风、医药、矿产，甚至宫廷秘闻、八卦谈资等等，所涉内容分类编录。如李白让高力士脱靴，王勃写文章蒙在被子里打腹稿等脍炙人口的故事就是出自这部小说集。抛开文学价值暂且不提，《酉阳杂俎》最大的贡献是为后人保存了唐朝大量的珍贵历史资料、遗闻逸事和民间风情记录，为我们全面了解唐代社会提供了一个便捷的途径。

这部书的性质，段成式自称属于志怪小说："固役不止者，抑志怪小说之书也。"从中国小说史的角度看，志怪小说也是《酉阳杂俎》中最有价值的部分。鲁迅对其评价颇高，认为这部书能与唐代的传奇小说"并驱争先"。何以见得呢？我们从一段《天咫》中的小故事来领略一下吧。

永贞年，东市百姓王布，知书，藏镪千万，商旅多宾之。有女年十四五，艳丽聪悟。鼻两孔各垂息肉如皂荚子，其根如麻线，长寸许，触之痛入心髓。其父破钱数百万治之，不差。忽一日，有梵僧乞食，因问布："知君女有异疾，可一见，吾能止之。"布被问大喜，即见其女。僧乃取药，色正白，吹其鼻中，少顷，摘去之，出少黄水，都无所苦。布赏之白金。梵僧曰："吾修道之人，不受厚施，唯乞此息肉。"遂珍重而去，行疾如飞。布亦意其贤圣也。计僧去五六坊，复有一少年，美如冠玉，骑白马，遂扣门曰："适有胡僧到无？"布遽延入，具述胡僧事。其人吁嗟不悦，曰："马小踠足，竟后此僧！"布惊异，诘其故，曰："上帝失乐神二人，近知藏于君女鼻中，我天人也，奉帝命来取，不意此僧先取之。吾当获谴矣！"布方作礼，举首而失。

这样一个荒诞不经的故事，却被作者写得这么简练有趣。它结构完整，情节曲折生动，人物形象鲜明，比起其他著名的唐人传奇小说来也毫不逊色。《酉阳杂俎》被认为是一部上承六朝，下启宋、明以及清初志怪小说的重要著作，对后世产生了较大的影响。清代纪昀等在编写的《四

中国小说入门寻味

库全书总目提要》中评论此书时指出："其书多诡怪不经之谈，荒渺无稽之物。而遗文秘籍，亦往往错出其中。故论者虽病其浮夸，而不能不相征引，自唐以来，推为小说之翘楚。"

南宋社会的一面镜子——《夷坚志》

说起一千多年前宋代的社会风貌，我们往往会想到北宋张择端的《清明上河图》。在五米多长的长卷上，画家形象生动地展示了北宋时期京城汴梁以及汴河两岸的世俗风情和自然风光。商业繁华的北宋大都市的生活景象以最直观的方式展现在人们眼前，再也没有比《清明上河图》更能代言北宋市井风貌的艺术作品了。可是，如果要了解南宋时的社会风貌又该去看什么呢？如果你不知道，那么，建议你不妨去看看一部南宋的小说集——《夷坚志》。它的作者洪迈用将近一生的时间，搜集整理了当时流传的各种奇闻异事。在这些包罗万象的故事里，你会看到一个立体的南宋社会。

《清明上河图》(局部)

宋代的笔记小说种类繁多，数量可观，《夷坚志》能在其中脱颖而出，首先不得不归功于它浩大的篇幅。这部鸿篇巨制长达四百二十卷，以笔记的体例记载了当时的奇闻异事，以及历史上的经典故事和优美传说,是中国容量最大的文言志怪小说集。它的作者洪迈,字景卢,号容斋,是南宋时的一位官员。他出生于一个士大夫家庭,他的父亲洪皓、哥哥洪适都是著名的学者和官员,哥哥洪适更官至宰相。宋高宗绍兴十五年(1145 年),洪迈以博学宏词科中进士,先后在地方当过知州,在朝廷作过中书舍人、直学士院、同修国史、翰林学士、端明殿学士。在宋高宗、孝宗、光宗、宁宗四朝度过了七十九年的人生。洪迈学识渊博,著书极多,除了这部堪称巨著的《夷坚志》,他还编纂有《万首唐人绝句》、文集《野处类稿》,以及非常有名的一部笔记《容斋随笔》。

《夷坚志》以记载传闻的怪异之事为主,书名中的"夷坚"二字源于《列子·汤问》中的一段话:"大禹行而见之,伯益知而名之,夷坚闻而志之。"大意是指(这些奇异的事物)是大禹走路时看到的,伯益知道后给它取了名字,夷坚听说后又把它记录下来。洪迈自比夷坚,称:"《夷坚》诸志,皆得之传闻,苟以其说至,斯受之而已矣。"

《夷坚志》全书分初志、支志、三志、四志,每志又分 10 集,按甲乙丙丁等顺序编次。甲至癸 200 卷,支甲至支癸 100 卷,三甲至三癸 100 卷,四甲四乙各 10 卷。书中内容的来源主要有以下几个方面:一是作者亲身经历;二是他人相告;三是选取多个故事合而为一。内容的取材则异常繁杂,鬼怪神仙、僧道妖术、医卜星象、习俗风尚、逸闻轶事、诗词杂谈等,无所不包。所以此书曾招来宋末著名词人周密"贪多务得,不免妄诞"的批评。不过此书有不少轶闻、掌故、民俗、医药等方面的内容,反映了作者洪迈所生活的宋代社会的现实风貌,犹如那个时代社会生活、宗教文化、伦理道德、民情风俗的一面镜子。如《丙志》卷十六《余杭三夜叉》记三个妇女生的青面毛身的孩子,可见在宋时曾有这种怪胎。《丁志》卷十一《王从事妻》,记王从事妻子在临安被人拐去,五年后王为衢州教授时,意外地在西安宰府中与妻相遇,才知其妻被人以三十万钱买作侧室。从这个故事我们可以了解到绍兴初年南宋临安的社会状况。又如《丙志》卷十三《蓝姐》,记述的是绍兴十二年京东人王知军有位婢女蓝姐,她有胆有识,当群盗入家抢劫时,她持烛引盗自取各物,暗中却

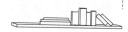

从背后将烛油点污群盗穿的白布袍。事后报官按迹搜捕，竟无一人漏网。书中还记载了不少药方，如《乙志》卷十九《疗蛇毒药》、《丙志》卷十六《异人痈疽方》等。这些记述，似都照实笔录，为后世的专家学者研究宋代社会生活，保存了不少可贵的资料。

中国古代小说发展到《夷坚志》，在反映社会现实题材的广泛方面达到了一个空前的高峰。其搜罗奇闻趣事，而偏重情况描述的叙事风格，仍旧延续了六朝志怪小说的遗风，但又有模仿唐代传奇的风格。对此书赞赏有加的也大有人在，大诗人陆游就曾题诗云："笔近反离骚，书非支诺皋。岂惟堪补史，端足擅文豪。驰骋空凡马，从容立断鳌。陋儒哪得议，汝辈亦徒劳。"《夷坚志》丰富的内容也为后来的明清小说、戏曲提供了不可多得的素材，如冯梦龙的"三言"取材于《夷坚志》的就有 9 篇；凌濛初的"二拍"取材于《夷坚志》的则有 26 篇之多，甚至于《金瓶梅》、《水浒传》、《西游记》等都有其直接的影响。《夷坚志》在高丽王朝时就已经传入朝鲜半岛，特别在高丽王朝和朝鲜王朝时代，对该国的文化产生了不小的影响。

《夷坚志》的编撰花费了洪迈六十年的心血和精力，但全书何时刻成已无从查考。据洪迈《乙志序》："夷坚初志成，士大夫或传之，今镂板于闽、于蜀、于婺、于临安，盖家有其书。"可见洪迈在世时，初志已有多种刻本，并广为流传。但是，由于编纂期长，镂版不一，卷帙浩繁，难以刻印等原因给《夷坚志》的传播造成了困难，再加上受到宋末战乱等影响，致使其散佚的内容难以补全，因此至元代就已经有一部分失传，到了明清，虽然经过一些学者的努力，《夷坚志》的零星残本不断发现，但人们仍无法一睹其全貌，现今存世的仅有 206 卷，实在是一个巨大的缺憾。

魏晋志怪的回归——《阅微草堂笔记》

纪昀，字晓岚，这个两百多年前乾隆皇帝的御用文人绝对想不到，在两个多世纪后的今天，他会因为一部电视剧而红遍大江南北，跻身中国知名度最高的历史名人行列。电视剧《铁嘴铜牙纪晓岚》里，这位成天晃着大烟袋子的大才子大学士一片赤胆忠心，他忧国忧民，为民请命，与大贪官和珅斗智斗勇。虚构的电视剧只不过是借历史人物说自己的故事罢了，正史中的纪晓岚可没有这么多忧国忧民、为民请命的事迹可以歌颂，但他作为当时文化界的权威泰斗，学术成就倒是毋庸置疑的。他是中国历史上规模最大的一部丛书《四库全书》的总编撰，仅凭这一点，已足够证明他的专业水平。在清朝政府为官的汉族文人中，纪晓岚算是难得的幸运儿，他一生经历雍正、乾隆、嘉庆三朝，活到 82 岁。职位也一路高升，由侍读学士、内阁学士、兵部侍郎一直做到礼部尚书、协办大学士，加太子少保。死后嘉庆皇帝还亲自为他作了碑文，极尽一时之荣哀。作为学者，他学识渊博，尤其擅长考证训诂，一生写过很多诗歌、学术著作和文学评论，到了晚年，他还华丽转身成为小说作家，写了一部笔记体的文言短篇小说集《阅微草堂笔记》。这部笔记在清代笔记小说中也是最有代表性的一部作品。

　　《阅微草堂笔记》是五种笔记小说的合集，也是纪晓岚唯一的小说作品，分为《滦阳消夏录》6 卷，《如是我闻》4 卷，《槐西杂志》4 卷，《姑妄听之》4 卷，《滦阳续录》6 卷，共计 24 卷，1100 多则，于清朝乾隆五十四年（1789 年）至嘉庆三年（1798 年）陆续写成，嘉庆五年（1800 年），由其门人盛时彦合刊印行。

　　《阅微草堂笔记》主要以篇幅短小的随笔杂记讲述狐鬼神怪故事，在内容取材上和《聊斋志异》颇为相似，但这两部小说集因为其作者人生际遇的天壤之别而显示出迥然相异的气质。失意科举的蒲松龄一生穷困潦倒，他在《聊斋志异》里倾注的是自己一生的心血、心酸和孤愤之情，以及对社会的深刻批判；而仕途得意的纪晓岚不仅是文坛泰斗，而且极尽帝王的荣宠，写小说不过是他的遣兴之举，他写这些鬼狐故事的指导思想是"大旨不乖于风教"，意在劝善惩恶，因此书中有不少因果报应的说教。同时，他写此书也有一点向《聊斋志异》叫板的意思。纪晓岚作《阅微草堂笔记》时，《聊斋志异》已经是当时广受欢迎的畅销书，但他

中国小说入门寻味

对《聊斋》的写法颇为不屑，认为其"燕昵之词，媟狎之态，细微曲折，摹绘如生，使出自言，似无此理。使出作者代言，则何从而闻见之？"在他看来，小说不该写出那些从情理上来说不应为人所知的细节。所以，纪晓岚不顾自己年逾七十的高龄，提笔撰写《阅微草堂笔记》。他在此书中继承了魏晋志怪的风格，叙述质朴简淡，不作细节描写，不求文辞华美，与《聊斋志异》的描摹细腻、委曲动人大异其趣。此书当时每脱稿一种，即被作者的亲朋好友竞相传抄，辗转刻印，一时享有同《红楼梦》、《聊斋志异》并行海内的盛誉。

据传纪晓岚这本《阅微草堂笔记》的完成还颇有一番曲折。清代的文字狱是出了名的严酷，稍有不慎便会祸从天降。乾隆组织编修《四库全书》是打着弘扬中华文化的幌子，但在背后却另有目的，那就是"寓禁于毁"，借着"修史"的名义将不利于自己统治的书籍统统毁掉。据说《阅微草堂笔记》最初就是纪晓岚在文津阁编修《四库全书》时从库藏的无数秘本珍籍以及禁毁书中抢救采撷下来的，有的还加上自己的评注。可惜的是，因为一些历史原因，原稿遗失殆尽。现在流传下来的《阅微草堂笔记》是纪晓岚多年后追忆重写的。他断断续续花了十年时间"追录见闻，忆及即书"才写成此书，但所记事迹不到原笔记的十分之一，内容远不及原笔记丰实。

这本纪晓岚十年心血的结晶，可以说也是他晚年心灵世界的反映，书中的故事能从某一个侧面显现出清代中期纷繁复杂的时代文化风貌。该书的取材，一是来自于纪晓岚本人的亲身经历和耳闻目睹，二是来自于他人提供或转述的材料。小说涉及的社会生活领域，从文人学士、妓女乞丐，到三教九流、花妖狐魅，几乎无所不包。在空间地域上，故事反映的范围则遍及全中国，远至乌鲁木齐、伊宁，南至滇黔，并旁及台湾、南洋等地。丰富的生活素材，为作家提供了广阔的思维空间。书中有些怪异奇谲的故事，虽然充满了因果报应、祸福天定的迷信思想和忠孝节义的封建伦理道德观念，但也客观而真实地反映了清中叶的某些人生现实，并触及当时某些社会弊端，表现出一定的进步思想倾向，最突出的就是纪晓岚在书中表达出了鲜明的反理教倾向。读者可以从那些生动的故事中感受到他对宋儒议论的苛察，尤其对道学家言行的虚伪、世俗偏见的迂腐有着毫不留情的揭露和抨击。在每则故事结尾处他总是会写上几句短语，来评断其故事来龙去脉理事曲直之所在或其有否通情达理之处。鲁迅在《中国小说史略》中说它有"过于议论"之嫌，"不安于仅为小说，更欲有益人心"，但其中不少形象化的寓言和讽喻性的故事还是颇为生动风趣的，甚至能给人以启发和教益。譬如《如是我闻》卷三中用很小的篇幅记述了一个表里不一的翰林官员，他的同乡带着赠礼来访，他在人前装出一副节俭清高的样子予以谢绝。等到别人拿着赠礼走了，他却为没有得到利益而神伤，"徘徊厅事前，怅怅惘惘，若有所失，如是者数刻"，甚而将气出在家人身上。翰林官员表里不一的行为使得纵观一切的狐仙也忍不住窃笑。这个让人莞尔的小故事让读者看到了一个假道学家的个性特征和内心世界。又如《姑妄听之》卷三的一则故事讲述了张铉耳家中的一个婢女与家中的男狐调情、花前月下被发现，刚正不阿的张先生在得知真相后欲重罚婢女，但狐仙家长却指出婢女做出如此有伤风雅的事情完全是由于张铉耳在婢女情窦初开的适婚年龄过分压抑她的感情而导致的。在这则小故事中，作者鲜明地表达了对理学压抑人性的不满和抨击，而这样的故事在当时的社会也具有一定的启示意义。

　　《阅微草堂笔记》是继《聊斋志异》之后出现的又一部有重要影响的文言小说集，在清代大量的笔记小说中独树一帜，鲁迅先生在《中国小说史略》中，对《阅微草堂笔记》有过高度的评价："惟纪昀本长文笔，多见秘书，又襟怀夷旷，故凡测鬼神之情状，发人间之幽微，托狐鬼以抒己见者，隽思妙语，时足解颐；间杂考辨，亦有灼见。叙述复雍容淡雅，天趣盎然，故后来无人能夺其席，固非仅借位高望重以传者矣。"如果以今天的眼光来看，《阅微草堂笔记》固然成就不俗，但和《聊斋志异》比较，无论是文学精神还是艺术境界，都无法与之相比，这就难怪它在中国文学史上的地位远远不及《聊斋志异》了。

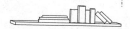

第二章

传奇小说：传录世间之奇

小说与虚构是对双胞胎，英语中的小说"fiction"同时也是虚构的意思，可见他们的关系是多么密切。不过，从记录"街谈巷议"的笔记小说中诞生的中国小说，一开始却是远离虚构的。当时的小说作者们无不极力标榜自己所写的一切是真实的，自然没有人去有意识地进行虚构性的创作。这种状况几百年后才有了改变，带来这种改变的就是唐代出现的传奇小说。魏晋南北朝的笔记小说大都篇幅短小，文笔简约，只是对事情进行简单的记录，缺少具体的描绘，仅是"粗陈梗概"而已。与之相比，唐代的传奇小说篇幅开始加长，文辞也非常华丽，而且内容更加曲折精彩。虽然传奇小说依然穿着笔记的外衣，作者喜欢用"记"、"传"来做篇名，并用写史书的笔法来写故事，但此时的作者已不再满足于简单地据实记录，他们开始有意识地驰骋想象，将更多虚构的成分引入小说。"传奇"二字总是让人想到非同寻常的故事或人物经历。唐代的文言短篇小说之所以被称为"传奇"，也和小说叙述的故事带有这种传奇性有关，因为这类小说多是传录奇闻异事的。既然是奇闻，作者就不免会在"奇"字上做文章。他们对各种传说见闻进行了大量的艺术加工，甚至虚构杜撰，大加渲染发挥，以突出所闻之奇，这种带有虚构性的创造发挥使小说变得饶有趣味，极大地增强了小说的可读性，也使这类小说真正接近于今日的小说。最初"传奇"只是作品的篇名，最早以传奇命名的是元稹的《莺莺传》，而影响最大的是晚唐裴铏的小说集《传奇》。发展到后来，传奇逐渐成为唐人文言小说的通称，并与小说的体裁紧密联系在一起，甚至由于很多传奇小说被后代的说唱和戏剧所取材，所以宋元戏文、元人杂剧、明清戏曲都有称为"传奇"的。

传奇小说兴起于初、盛唐，以中唐最为鼎盛，流传至今的大多数传奇名篇，如《枕中记》、《任氏传》、《莺莺传》、《长恨歌传》等都产生于这一时期。传奇自晚唐时开始衰落，之后一度陷入低潮。宋代传奇失去了唐传奇的华丽光彩，一般都写得比较平实，缺少飞动的文采，虽也有一些流传的佳篇，但总体成就不高。传奇小说经历了宋元两代的黯淡之后，在明代才又重新扬眉吐气。明初瞿祐的《剪灯新话》唤回了人们对传奇小说创作和阅读的兴趣，此后相继出现了《剪灯余话》、《觅灯因话》等一批传奇集，掀起了明代传奇小说创作的高潮。虽然明代传奇的艺术成就与唐传奇相去甚远，但它们让沉寂了数百年的传奇小说再次显现出蓬勃的生气。清代蒲松龄的《聊斋志异》正是继承并发展了唐传奇人物形象鲜明、故事情节曲折、语言华艳生动的特色，成为代表中国古典文言短篇小说最高成就的不朽经典。

传奇小说作品以唐代的数量最多、质量最高，当时许多著名的文学家都曾写过传奇，留下了不少具有很高文学价值的作品。传奇之所以在唐代这么兴盛，说起来还得感谢科举考试的推波助澜。按照唐代的科举制度，考试的主试官员除了阅评试卷外，还有权将考生平日的作品和才誉作为选拔录取时的参考。当时，在政坛或文坛上有地位的人以及与主试官关系特别密切的人都可以推荐人才，参与决定录取名单及名次。因此，为了增加上榜的可能，争取更高的名次，应试的举子们挤破头地向达官显贵"行卷"。所谓"行卷"就是应试的举子们把自己平日作的诗文精挑细选出来写成卷轴，在考试前送呈给名公巨卿，以期用自己的文才打动他们推荐自己上榜。"行卷"过后怕受卷人没有注意到自己，于是还要"温卷"，也就是在行卷之后过一段时日再次投送，以提醒受卷的达官贵人对自己加以关心和注意。由于传奇小说可以从史才、诗笔和议论等

方面比较全面地展示作者的才学水平,中唐贞元、元和以后,举子多以传奇小说作为"行卷"。有文史学家认为,唐代著名的传奇集《玄怪录》、《续玄怪录》、《传奇》等都与行卷有关。

唐传奇的出现标志着我国古代文言短篇小说的成熟。传奇体也成为宋以后历代文言短篇小说的主要形式。传奇既吸收了志怪的想象,又借鉴史传文学叙事状人的技巧,形成了人物形象鲜明,情节曲折离奇,抒情气氛浓郁,语言精练华丽的艺术特点。历代传奇小说的内容丰富多彩,尤其是叙述神仙鬼怪的一类数量最多,而记载人间各种世态的作品也为数不少,充满了浓厚的生活气息。传奇反映的社会生活面较过去远为广阔,有的表现了男女情人的悲欢离合及社会原因,有的以神幻的形式反映出人们对幸福生活的美好理想,有的暴露了上层社会的种种丑恶现象。唐传奇对后世的小说、戏曲都有极大的影响,很多唐传奇名篇都被后来的白话短篇小说家和戏曲家移植和改编,如以唐明皇、杨玉环以及安史之乱为题材的传奇《长恨歌传》和白居易的《长恨歌》一起,被后人改编成一系列戏曲——元代的王伯成将其创作成诸宫调《天宝遗事》,白朴则写下了杂剧《梧桐雨》,清代洪昇的《长生殿》则将这一题材推向了顶峰。唐传奇中的《霍小玉传》、《南柯太守传》、《枕中记》被明代著名的戏曲家汤显祖改编成《紫钗记》、《南柯记》、《邯郸记》。这三个剧目和汤显祖最著名的作品《牡丹亭》一起,合称为"玉茗堂四梦"或"临川四梦"。陈玄祐的《离魂记》被元人郑光祖改编成杂剧《倩女离魂》。元稹《莺莺传》的后面跟着一连串的戏曲,其中最著名的便是元人王实甫的杂剧《西厢记》。中晚唐时期的豪侠传奇也十分引人注目,如《虬髯客传》、《昆仑奴》、《红线传》等讲述乱世之中的侠客与侠女的故事,折射出动荡时代的某些社会现实,并且成为后世武侠小说的起源。虽然传奇小说的辉煌看上去短暂了些,在宋元白话小说出现后它更是备受冷落,但作为中国古代小说最早的成熟形式,传奇小说在中国小说发展史上有着非凡的意义。我们不妨通过历史上一些著名的传奇作品和作品集,尝试着打开传奇世界的大门。

神怪传奇的先河——《古镜记》、《补江总白猿传》

古人对神怪故事的喜爱从小说的各个发展阶段中就能窥知一二,魏晋文人在笔记小说里勤奋地记载了许许多多的神仙鬼怪,从此志怪小说成为中国古代小说中不可缺少的重要品种。唐代传奇也不例外地从神怪故事发端,而代表着早期神怪题材传奇成就的便是《古镜记》和《补江总白猿传》。

《古镜记》创作于隋末唐初,是唐人传奇的开山之作,相传作者是隋朝末年的一位御史,名叫王度。王度的生卒年不详,约在隋末唐初之间。他于隋大业初年出任御史,大业八年(612 年)兼著作郎,大业九年(613年),出兼芮城令。他曾奉诏撰国史,写作《隋书》,但书稿未能完成,约于唐武德初年去世。

镜子,这种具有反射光线,能照影显形的日常生活用品,从它出现在这个世界上以来总是笼罩着某种神秘的色彩,被人们附会上很多不可思议的超能力。像格林童话《白雪公主》里,恶毒皇后的魔镜能够预知未来,而在中国古人的迷信观念里,镜子则会驱邪避祟。《古镜记》就记叙了一面神奇的古镜:作品以主人公王度的口吻,叙述大业七年(611 年)从汾阴侯生处得到一面古镜,能够辟邪镇妖。他携带古镜外出,先后照出老狐与大蛇所化的精怪,并消除疫病,出现了一系列奇迹。后来,他的弟弟王绩出外游历山水,借用古镜随身携带,一路上又消除了许多妖怪。最后王绩回到长安,把古镜还给王度。大业十三年(617 年),古镜在匣中发出悲鸣之后,突然失踪。全篇由 12 个与古镜有关的小故事组成,尚有六朝志怪的特点,但所不同的是,《古镜记》不仅篇幅较长(全篇约3000 字),而且细节描写和人物对话更加具体生动,文辞华美,所以后人称之为"上承六朝志怪之余风,下开有唐藻丽之新体"。

如果说《古镜记》还只是一般地搜奇记怪,那么稍后出现的《补江总

白猿传》就不仅仅是猎奇这么简单了。这篇传奇不仅故事显得荒诞不经，而且作者的写作目的也有点"居心不良"，有诽谤名人之嫌。这篇小说的作者不详，内容写的是南朝梁将欧阳纥的一段经历。欧阳纥携妻南征，途中妻子被猿精掳去。欧阳纥率兵入山，经过一番历险，在其他被窃去的妇女的帮助下，终将被劫走的妻子救出。而后，其妻生下一子，貌似猿猴而又聪明绝顶。后来欧阳纥被杀，他的朋友（即题中的江总）收养了他的儿子。及至其子长大后，果然以文学闻名天下。本篇题名中"补江总"三字，即是指江总是欧阳纥的朋友，在纥死后曾收养其子，因此知道详情，于是补记下来。

故事中的欧阳纥是唐初著名书法家欧阳询的父亲。欧阳询长得貌似猿猴，是当时出了名的丑男，关于他因貌丑被人嘲笑的"段子"在史书上时有记载。其中一次，他曾被当时的同僚大臣、唐太宗的小舅子长孙无忌作诗嘲谑："耸膊成山字，埋肩畏出头。谁言麟阁上，画此一狝猴。"欧阳询自然不甘受辱，当即反击了一首诗道："索头连背暖，漫裆畏肚寒。只缘心混混，所以面团团。"《补江总白猿传》这篇传奇也是当时嘲讽欧阳询貌丑的人杜撰出来的故事。以小说攻击异己，在唐初颇为流行，这篇小说算是一个经典的例子，但作为一个很有可读性的小说故事，后世的读者早就忘了这位不知名的作者讥讽欧阳询的不良动机。可见文学作品的流传，其意义已经和作者的意图无关了。

欧阳询书法

这篇传奇的内容也沿袭了六朝志怪小说的遗风，但比起稍前的《古镜记》来更加成熟,不仅结构完整,布局严谨,情节曲折有致,描写也颇为生动,而且它以史传的形式来撰写志怪故事,开创了之后"唐传奇"的基本体制,在唐代传奇艺术成熟过程中有一定的历史地位。宋代话本中有一篇《陈巡检梅岭失妻记》即是从本篇故事脱胎而来,而身处世外仙境独来独往的白猿也自此成为中国奇幻文学中一个鲜明独特的形象。这篇传奇的作者恐怕不会想到,自己挖苦讥讽的戏谑之笔竟然在文学史上能留下可书的一笔。

梦幻与人生的思考——《枕中记》、《南柯太守传》

你看过好莱坞的大片《盗梦空间》吗?影片里,梦中的世界既如现实般真实,又远比现实更诡异跌宕,匪夷所思。好莱坞的特技大师们用虚虚实实的电影魔术为我们带来了一场视觉的震撼。而早在一千多年前的唐朝,我们的老祖宗们就已经玩转了这种把现实移植到梦境里的魔术,只不过他们用的是文字罢了。唐传奇里有两个名篇——沈既济的《枕中记》和李公佐的《南柯太守传》,说的就是这人生与梦幻的故事。

《枕中记》的故事是这样的:唐开元七年(719年),年轻的读书人卢生进京赶考失利,名落孙山,怏怏而归。一天,行至邯郸道上,路宿野店。在客店里,他遇见了途经此地的道士吕翁。在和吕翁聊天时,卢生不禁感叹自己的郁郁不得志。这吕翁是个修得了神仙术的道士,他拿出一个瓷枕头让卢生枕上。这时,客店的主人正在炉子上蒸黄粱饭(小米饭)。卢生倚枕而卧,进入了梦乡。在梦乡里,卢生娶了美丽温柔又出身名门大族的妻子崔氏,然后他中了进士,一路升迁,从陕州牧、京兆尹,一直升为户部尚书兼御史大夫、中书令,最后封为燕国公。虽然,其间他也曾遭人忌害,还两度被贬往岭南。但他一生屡建功业,位极人臣,受到皇帝格外的恩宠。他的五个孩子也全都高官厚禄,嫁娶高门,儿孙满堂。卢生享尽了荣华富贵,一直活到80岁,才因生病久治不愈而亡。卢生从梦中醒来,发现自己还在旅舍之中,周围的一切如故,吕翁坐在自己身旁,而

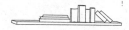

店主人蒸的黄粱饭都还没熟哩！

　　《南柯太守传》里的梦幻人生虽没有《枕中记》这么完美，但也是风光无限。这个故事说的是东平人士淳于棼的经历。淳于棼是个仗义行侠、不拘小节的人。他特别喜欢喝酒，家里养了许多豪侠门客。因为他精通武艺，曾经在淮南节度使部下当副将，但由于醉酒冒犯了上司，丢了官职，很是郁闷。自此以后，他天天借酒浇愁。他家宅院的南边有一棵很大的古槐树，平时他常和豪侠朋友们在树下豪饮。有一天他喝得酩酊大醉，被两个朋友扶回家中，在东檐廊下昏然入睡。睡着睡着，忽然见有两个穿紫衣的使者前来，自称是奉槐安国王之命来邀请他。于是，淳于棼出门登上马车，跟使者往古槐穴去了。进到洞里，发现这里的山川道路别有天地。进入大槐安国，拜见了国王，淳于棼被招为驸马，又被封为南柯郡太守。他在南柯郡一干二十年，和公主生了五男二女，政绩也做得不错，享尽荣华富贵，盛极一时。后来有檀萝国的军队入侵，淳于棼派去的大将兵败而归。不久之后，公主病死，他辞去了太守的官职护送公主的灵柩回到国都。因为在京城交游广泛，淳于棼的威望和权势一天比一天高，这让国王心生疑忌。于是国王下令削去淳于棼的侍卫人员，禁止他和别人交往，把他软禁在了家里。淳于棼因此郁郁不乐，国王便命令紫衣使者把他送出槐安国，回到家中。淳于棼从睡梦中醒来，见到两位朋友还没走，杯中酒还未喝完。于是三人相偕前往查看槐树，发现梦中所见的"槐安国"、"檀萝国"原来都是蚁穴，在挖开的蚁穴中，"南柯郡"以及公主的坟墓等在二十年中所经历的皆一一呈现。三人大惊，便将蚁穴掩埋如故，不料一夜风雨之后，群蚁消失。淳于棼由此觉悟了人生的短暂，皈依道门，戒酒绝色，三年之后，病逝家中。

　　我们现在常用的两个成语"黄粱一梦"和"南柯一梦"，它们就是由这两个故事来的。到了明代，它们还被大剧作家汤显祖改编成了《南柯记》和《邯郸记》。

　　《枕中记》和《南柯太守传》这两篇传奇虽然也跟《古镜记》、《补江总白猿传》类似，都很超现实，但它们与后者相比却显示出更深刻的意义。梦中的卢生实现了古代社会里寒门士子们终其一生追求的一切:科场得意,建功立业,高官厚禄,妻出名门,子孙满堂,荣华富贵,福寿延绵……淳于棼与卢生稍有不同,他是个丢了官的有钱人。在梦里,他虽然娶公主,封高官,享厚禄,但也吃了败仗,受谗言所害,被请出了"槐安国"。这两场幻梦,一个是凡俗世人的完美人生,一个是平庸人物的宦途理想,虽然都是春风得意,无限风光,但官场的腐败和倾轧却是现实世界的情景再现。作者借梦中的人生,把世间那些歆羡功名富贵,在宦海变幻中浮沉的士子好好敲打了一番。这两篇传奇的作者沈既济和李公佐都是仕途不得意的读书人,他们在经历过人生的挫折后,对世人执著于功名利禄的人生观和社会现实都有了不同的思考。这两篇传奇不正是他们在表达对那个时代以功名富贵为标准的人生价值的否定和讽刺吗? 当然,这两个故事的确容易让人联想到人生如梦的虚无,但它们不也让我们思考生命的意义在哪里?

爱情的神奇力量——《离魂记》

爱情,一直是人类生命意义中非常重要的内容。元好问说:"问世间情是何物? 直教生死相许。"爱情的力量就是如此巨大,它能够让人无畏生死,它能够让有情人化作翩飞的蝴蝶、比翼的鸳鸯……在历代的传说和文学作品中,我们的祖先用种种不同的方式表达着对真爱的向往和不懈追求。《离魂记》这篇短小精悍的传奇也是这样一篇作品,它要告诉读者的是,爱情的力量能够让魂魄冲破身躯的阻碍,去追求自由完满的婚姻。

清河人张镒在衡州做官,女儿倩娘长得十分美丽端庄,外甥王宙从小聪颖过人,很受他的器重。张镒常对外甥说等倩娘成人后就许配给他。倩娘和王宙长大以后,互相爱恋,但张镒却早已将说过的话忘记了。张镒也不知道他们已经相爱,因此,当幕僚中有人来提亲时,他便立即应

允了。倩娘闻讯后十分抑郁,王宙也非常怨愤,于是乘船离张家而去。舟移岸曲,王宙深夜难眠,忽见倩娘亡命奔来,不由得喜出望外,连夜开船远遁他乡。二人在蜀中居住五年,生了两个孩子。后来因倩娘思念父母,双双同归衡州。王宙先至张府谢罪,张镒却说倩娘一直病卧闺中。不一会舟中倩娘来到,闺中倩娘迎接出来,两个倩娘合而为一,众人这才知道,当初追随王宙而去的乃是倩女的魂魄。

这篇《离魂记》是"唐传奇"中写男女婚恋最早的作品之一,虽然还没有摆脱神异怪诞的套路,但整篇故事设想奇幻,结构巧妙。全文虽仅五百余字,却写得情节起伏,出人意表。尤其是篇末写到倩娘的精魂与身体合二为一时,巧妙地缀上"其衣裳皆重"的细节,给人以似幻似真的感觉。这篇传奇摆脱了当时一般爱情小说的陈套,极富浪漫色彩,在唐人小说中别具一格。

关于这篇传奇的作者,留下来的资料非常有限。我们只知道他叫陈玄祐,生活于唐代宗大历年间,除此以外人们对他一无所知。作者在这篇小说中塑造了一个坚贞、忠诚、敢于反抗和追求的经典女性形象——张倩女。在这个动人的"离魂"故事中,她以执著的性格追求属于自己的爱情和幸福婚姻。生在封建社会里的青年男女,对婚姻完全没有自主权,但这种压制反而促使他们对获得婚姻自主产生了强烈的愿望。外在的礼教束缚根深蒂固难以挣脱,于是借助超越人间的力量帮助他们实现自己的愿望,成为艺术家们最喜欢采用的浪漫方式之一。

像"离魂"这样情节离奇怪诞的故事,在南朝刘义庆《幽明录》中的"庞阿"一则中就已经出现了。到了唐代也有以此为题材敷衍为传奇作品的,如《太平广记》中收录的《灵怪录·郑生》、《独异记·韦隐》等,都是叙述唐人的离魂故事,但描写得更为简略,都没有《离魂记》写得出色。元代戏曲家郑光祖创作的杂剧《述青琐倩女离魂》,就是根据陈玄祐的这篇《离魂记》的故事演绎而成。明人凌蒙初《二刻拍案惊奇》里《大姐魂游完宿愿,小姨病起续前缘》也是脱胎于这篇小说。《离魂记》的故事框架还为后世许多精魂情通的言情故事确立了一个基本的套路,即男女主人公深情相爱→外界强大力量使二者不得厮守→一方（绝大多数为女方）因而或病或亡→病者（亡者）灵魂离体以偿其所愿→形成事实婚姻后事发（一般为主动交代）→离魂者形神合一，亡者复生，二人得到宽恕→封妻荫子，大团圆。虽然这样的情节模式最终流于俗套，但是也从一个侧面说明了《离魂记》对后世小说不可忽视的影响。

洞庭湖畔的动人传说——《柳毅传》

烟波浩渺的洞庭湖上有一个叫君山的美丽小岛，唐代大诗人李白曾为它留下过"淡扫明湖开玉镜，丹青画出是君山"的诗句。在君山的龙口和龙舌山尾部至今保存着一口被称为"柳毅井"的千年古井，据称，这里就是洞庭湖的著名神话传说"柳毅传书"中沟通人间与龙宫的地方。"柳毅传书"的传说和《离魂记》一样，也是一个带有浪漫色彩的爱情故事。

故事发生在唐高宗时期。一位来自湘滨的书生柳毅，赴京城长安参加科举考试，不幸落榜。返乡时，他取道泾阳，想与在那里的朋友话别。途中他经过一处荒凉无人的郊外，遇见一位姑娘正在孤零零地放羊。这位姑娘容貌非常美丽，但衣装粗简，满脸憔悴，神情格外凄苦。柳毅觉得好生蹊跷，经过询问得知，原来这位姑娘是他的乡亲，是洞庭湖龙王的爱女。她遵从父母的安排，远嫁到这里，做了泾河龙王的儿媳。然而，丈夫终日寻欢作乐，对妻子薄情寡义。龙女无法忍受这般虐待，不断诉求抗争。但公公婆婆袒护儿子，非但对龙女不理不睬，反而百般刁难并役

《龙女牧羊》雕像

使她在荒郊放牧。面对洞庭万里迢迢，长天茫茫，龙女欲诉无门，欲哭无泪。她请求柳毅帮她送书信到洞庭家中。柳毅非常同情龙女的不幸遭遇，慨然允诺前往洞庭龙宫。柳毅揣着龙女的家书兼程赶路，来到洞庭湖畔。他按照龙女的指点，找到一棵大桔树并叩树三下，果然从碧波间冒出虾兵蟹将。经他们揭水引路，柳毅进入龙宫，将龙女的信亲手交给了洞庭龙王，并述说了龙女的悲惨境况。龙王得知女儿受难，非常痛心。龙王的弟弟钱塘君，是个性情开朗、刚直勇猛、疾恶如仇的人。他一听说侄女在夫家遭受欺辱，顿时大怒，立刻凌空而去，诛杀了泾河逆龙，救出了龙女，使骨肉重新团聚。

龙女深深地爱上了见义勇为的柳毅，钱塘君也希望玉成美事。但柳毅是个正直的书生，他当初送信救龙女完全是激于义愤，来到龙宫，面对数不尽的奇珍异宝也不为所动，没有任何贪财恋色的个人企图。所以当钱塘君在酒宴后逼婚时，他虽也有爱慕龙女之心，但克制了私情，晓以人间正义，毅然拒绝。柳毅告别龙宫后，性情温顺善良的龙女面对他的拒绝并没有气馁。她饱尝过包办婚姻带来的痛苦和折磨，所以不再依从父母又一次为她安排的婚配，依然执著坚定地追求自己的幸福。在柳毅的妻子亡故后，龙女化作民妇来到鳏居孤独的柳毅身边，与他结为夫妇，直至他们的孩子出世才道出真情。柳毅被龙女的一片深情所感动，从此两心相印，过着恩爱美满的生活。

柳毅与龙女这段浪漫动人的爱情故事，就出自唐朝人李朝威的传奇小说《柳毅传》。唐贞元年间，李朝威只是吏部一位小官。他很喜欢舞文弄墨，编写神怪故事。一天，他到郊区拜访退休京官薛嘏，薛嘏给他详细讲述了其表兄柳毅为龙女传书所发生的奇事。回家后，他反复斟酌，修改撰写成了这篇传奇小说。《柳毅传》成为唐代以来传奇里最有成就的作品之一。小说中的故事富于想象，而且情节曲折，结构严谨。柳毅的正直磊落，龙女的一往情深，钱塘君的刚直暴烈，都刻画得性格鲜明，跃然纸上。而对龙女和柳毅的心理描写，尤其细致真切。小说的文体在散文之中夹有骈偶文句和韵语，显现出华艳的风格。

《柳毅传》在晚唐时就已广泛流传。唐末裴铏所作《传奇》中《萧旷》一篇，已有"近日人世或传柳毅灵姻之事"的说法，唐末传奇《灵应传》也提到钱塘君与泾阳君之战，宋代苏州又有人附会出柳毅井、柳毅桥。后世也以《柳毅传》为蓝本，创作了大量与柳毅相关的文学、戏曲和书画作品，如元代尚仲贤《柳毅传书》、明代黄惟楫《龙绡记》、许自昌《橘浦记》、清代李渔《蜃中楼》等。在民间，《柳毅传》则与梁祝、天仙配、白蛇传、孟姜女和牛郎织女等故事一起，被人们并称为最具影响力的中国民间传说。

才子佳人的乱世离歌——《柳氏传》

熟悉诗词的人都知道"章台柳"这个词牌名，此调是唐朝诗人韩翃所制。韩翃是中唐著名的"大历十才子"之一，曾以《寒食》诗"春城无处不飞花，寒食东风御柳斜。日暮汉宫传蜡烛，轻烟散入五侯家"闻名天下。他创制的这曲"章台柳"的背后有一段悲欢离合、曲折动人的爱情故事，后来，另一位唐代诗人许尧佐把这个故事创作成传奇小说，使这个故事得以流传千古。这篇小说就是中唐时期著名的传奇《柳氏传》。

小说中的柳氏原是一位李姓富豪家的姬妾。这位李生不仅富有，而且爱才。寒士韩翃虽然一贫如洗，但以擅写诗而闻名，因而与李生成为朋友。李生的爱妾柳氏也善咏诗，对韩翃心生爱慕。李生知道后，便将柳氏送给了韩翃。婚后夫妻二人感情甚笃。第二年，韩翃在科举中登第，回老家清池探亲。他一去一年多，这时"安史之乱"爆发了。叛军攻入长安及洛阳两京，城中士女（宫女，贵族妇女，此意同"仕女"，但也泛指青年或未婚男女）人人自危，以美貌闻名的柳氏为避祸而剪发毁形，寄身于佛寺。这时韩翃已经辗转在平卢、淄青节度使侯希逸府中做了书记，随军征战。后来唐肃宗收复了两京，但韩翃因在军中无法回长安，只得派人去寻访柳氏，并带上一个练囊，装了些麸金准备送给柳氏，还在练囊上寄诗一首："章台柳，章台柳！往日依依今在否？纵使长条似旧

垂,也应攀折他人手。"柳氏见到这首诗自然明白其中的含义,不由得泣不成声,于是也写了一首诗:"杨柳枝,芳菲节,所恨年年赠离别。一叶随风忽报秋,纵使君来岂堪折!"不久,京中藩将沙吒利听说柳氏的美貌,将她劫去,强纳为妾。待到韩翃随侯希逸回京后,又一次和柳氏失去了联系,只能终日感叹想念。有一天,韩翃正落寞独行,柳氏坐的篷车从他身边经过,于是柳氏就让女仆偷偷告诉韩翃自己的处境,并与韩翃相约次日于道政里门偷偷见面诀别。在一次淄青将官们举行的欢宴上,虞候许俊见韩翃神色沮丧,便追问缘由,韩翃只得把实情告诉了他。许俊生性侠义,他请韩翃写了一封亲笔信,立即快马加鞭赶去沙吒利的府邸,设计救出柳氏,在战乱中离散的韩、柳二人终于得以团圆。

许尧佐通过这一发生在动乱岁月中悲欢离合的故事,歌颂了韩、柳二人坚贞的爱情,也从侧面表现了"安史之乱"及乱后藩将跋扈给人民带来的灾难。这篇小说结构完整,语言凝练,情节发展也颇有起伏,尤其在细节描写上给读者留下了深刻印象。如描写柳氏与韩翃约见诀别的情景:"乃回车,以手挥之,轻袖摇摇,香车辚辚,目断意迷,失于惊尘。"离别时的不舍与凄然,寥寥数语就跃然纸上。

和那些仙怪题材的爱情传奇不同,这篇传奇所写的是曾轰动一时的真人真事。唐人孟棨也记述了这一场悲欢离合的真实故事。韩翃与柳氏夫妻团圆后,曾回到家乡过了几年闲逸的归隐生活,后来迫于生计,重入宦海浮沉,虽然一辈子没当上什么大官,但韩翃的诗名早已是名扬天下了。这篇传奇后来被收入《太平广记》杂传记类。它对后世的文学产生了很大影响:小说方面,宋人话本有《章台柳》;明代晁瑮《宝文堂书目》有《失记章台柳》一种;明刊《熊龙峰四种小说》中有《苏长公章台柳传》,清人则据此故事敷衍出一部十六回的通俗小说《章台柳》。戏剧方面则有钟嗣成《寄情韩翃章台柳》杂剧;明代传奇戏有吴长儒《练囊记》,梅鼎祚《玉合记》,张四维《章台柳》等。几百年来,在众多文人和艺术家笔下,"章台柳"已经不只是词牌的名称,而是与这段动人的故事紧密地融为一体了。

"西厢"的前世悲情——《莺莺传》

王实甫的《西厢记》在中国家喻户晓。"待月西厢下,迎风户半开。拂墙花影动,疑是玉人来"。因这句诗,张生翻墙过院去见崔莺莺,继而上演了一出私订终身的千古名剧。数百年来,《西厢记》在戏曲舞台上传唱不衰,"愿天下有情人都成眷属"这一美好的愿望,不知成为多少文学作品的主题,而《西厢记》便是描绘这一主题最成功的戏剧。在《西厢记》的光环之下,这个故事的前世——唐代传奇《莺莺传》,反而不为世人所熟悉。

《莺莺传》,原题《传奇》,又名《会真记》。与《西厢记》里花好人团圆的幸福结局相反,《莺莺传》讲述的却是一个始乱终弃的悲剧故事:唐代贞元年间,有位张生,性格温和,英俊潇洒,23岁了还未近过女色。有人好奇地问他为什么,他说不是他不喜欢美女,而是没有遇上。一次张生到蒲州游览,寄宿在当地的普救寺,巧遇同寓寺中的远房姨母郑氏一家。当时正遇上军人哗变,因张生和当地军队的将领有交情,于是帮助郑氏一家躲过了一场兵灾。在郑氏的答谢宴上,张生见到表妹莺莺,对她的美貌一见倾心。后经丫鬟红娘穿针引线,张生与莺莺以诗传情。几经反复,终于花好月圆,每晚相会于西厢。后来,张生赴京应试落榜,滞留在京城,与莺莺情书来往,互赠信物以表深情。但张生最后还是变了心。一年多后,二人各自男婚女嫁。一次张生路过莺莺家门,以表兄的身份要求见面,但莺莺拒不相见。小说中,张生为自己对莺莺"始乱终弃"的行为进行了一番辩解,把莺莺说成不祸害自己,也一定会祸害别人的"妖孽",自己之所以离开、抛弃她,是因为自己的德行难以胜过妖孽,所以只有克服自己的感情,跟她断绝关系。最后,这张生竟然还博得了一个"善补过者"的美名。以今天的眼光来看,张生根本就是一个玩弄女性的无情无义之徒。其实,张生的所为不仅现代人不耻,就连古人也看不下去。唐代以后,这个爱情故事的结局让许多人感到遗憾和不

中国小说入门寻味

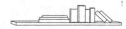

满，他们斥责张生为"薄情年少如飞絮"。在民间流传的过程中，故事的结局也渐渐地发生了变化，直至元代董解元的《西厢记诸宫调》和王实甫的《西厢记》彻底对原作进行了颠覆，把张生刻画成一个风流倜傥、质朴专情的大好青年，热情歌颂了张生和崔莺莺这对有情人追求自由爱情的精神。或许这也是为什么世人更爱《西厢记》而不是《莺莺传》的原因。

《莺莺传》的作者元稹，就是那位和白居易合称"元白"，并且共同倡导"新乐府"的唐代大诗人。对于《莺莺传》里张生的原型，历代都有很多猜测和考证，其中就有人考证说张生其实就是元稹本人。不管这种说法是真是假，元稹倒还真是个出了名的风流才子。现代人常用"家里红旗不倒，外面彩旗飘飘"来调侃花心男人，而元稹一生的婚姻感情生活正好可以用这句话来形容。元稹和妻子韦丛的恩爱事迹常被人津津乐道。韦丛出身高门，她的父亲韦夏卿官拜太子少保，而元稹结婚时才仅仅是个秘书省校书郎。虽然出身高贵，但韦丛却是个贤惠的好妻子。她勤俭持家，任劳任怨，和元稹的生活虽不宽裕，却也温馨甜蜜。可惜好景不长。结婚七年后，元稹终于熬出头，升任监察御史，眼看着他们的幸福的生活就要开始，韦丛却因病去世了。爱妻去世让元稹悲痛无比，写下了一系列的悼亡诗，其中最著名的莫过于那句"曾经沧海难为水，除却巫山不是云"。元稹和爱妻恩爱归恩爱，但他在外面的风流韵事却也不少，其中最有名的一段是和女诗人薛涛的"姐弟恋"。

31 岁时，在四川做官的元稹认识了大才女薛涛。薛涛原本也是官宦人家的小姐，因为父亲犯案而被卖为官妓流落风尘，是当时顶顶有名的歌姬兼女诗人。她脱离风尘后终身未嫁，定居浣花溪。遇见元稹时薛涛已经 40 多岁了，但仍风韵不减当年。一生未动过男女之情的女诗人遇到元稹后终于找到了知音，点燃了潜藏在心中的爱火。两人日日谈诗，出双入对，锦江边上、川中各地都留下了他们浪漫的身影。这场轰轰烈烈的姐弟恋持续了几个月后，元稹要回京城了，临别时元稹不敢当面辞行，只写了一首诗给她，把她猛夸了一番，并发誓说："别后相思隔烟水，菖蒲花发五云高。"言下之意是说，我要走了，走得远远的，但是我会想你的。就这样，元稹又踏上了新的仕途，继续寻芳猎艳，而薛涛重回浣花溪，再也没见过这位情人知己。

元稹雕像

元稹的私生活虽然让人不敢恭维，但他的文才却名副其实。就说这部《莺莺传》，虽然结尾遭人诟病，表达的思想也很有问题，但小说的文笔确实优美，张崔二人的爱情被他写得细腻动人，尤其是塑造了莺莺这个流传千古的经典女性形象。作为一个贵族千金，莺莺从小受到礼教的教育，但遇到心爱之人时，内心又产生了对情感的追求。作者用优美的文笔于叙事中刻画出了一位怀春少女在礼教和感情之间的矛盾心情，让人印象深刻。

作为"唐传奇"的名篇，《莺莺传》在"唐传奇"的发展中也具有里程碑的意义。在它之前的小说，如《离魂记》、《任氏传》、《柳毅传》等反映爱情生活的作品，都多少带有志怪的色彩，而《莺莺传》写的则是现实世界中的婚恋人情。自《莺莺传》开始，陆续出现了《李娃传》、《霍小玉传》等作品，使唐人传奇中这类题材的创作达到了顶峰。

爱情的理想与现实——《李娃传》、《霍小·玉传》

在中国古代文人的爱情故事中，士子与妓女好像总有不解之缘，诗词曲赋、小说传奇中不知演绎了多少才子与青楼佳人的风流韵事。社会风气开放的唐代，士子高中进士后，向钟情的妓女写情诗、炫耀才华会被

当作一件雅事。就算是那些考场失意、落第的士子们也在"忍把浮名，换了浅斟低唱"时，因有了醇酒佳人的陪伴而得到精神上的慰藉。自古名妓眷恋士子，把士子作为从良的归宿，似乎也是这些沦落风尘的女人一条最好的人生出路。但在讲究门当户对的封建社会，门第、金钱、舆论以及世俗成见，都是士子与妓女爱情路上的绊脚石。《莺莺传》里身为大家闺秀的莺莺尚且遭遇始乱终弃的悲剧，那么，社会地位悬殊的妓女与士子又会有着怎样的爱情故事呢？唐传奇中以妓女和士子的婚恋为题材的作品为数不少，我们这里介绍的两篇《李娃传》和《霍小玉传》展现给读者的答案恰好是一组理想与现实的对比。

《李娃传》，又名《汧国夫人传》，作者是唐代大诗人白居易的弟弟白行简。白行简本人也是一位有名的文学家，以写作传奇著称，这篇《李娃传》便是他传世的一篇代表作，也是唐传奇中篇幅较长的一部小说。

《李娃传》讲述了青楼女子李娃从沦落风尘到最后被封为汧国夫人的传奇故事。天宝年间（742—756），常州刺史荥阳公之子赴长安应试，一日游曲江池，邂逅名妓李娃，两人一见钟情。后来荥阳公子吃喝无度，耽溺于寻欢逐乐中，终于盘缠用罄，被鸨母和李娃设计抛弃，流落为代办丧事的歌郎。其父荥阳公因事入京，发现儿子堕落至此，又把他打个半死，逐出家门。荥阳公子因此沦为乞丐。一日大雪，荥阳公子恰好来到李娃的住处乞食哀叫，冻昏在门口。李娃感念旧情，将他救回，并毅然赎身与之同居，又竭力勉励他发奋读书，求取功名。后来荥阳公子连中高第，授成都府参军。此时，李娃却坚决要求离开他。恰好荥阳公移官成都，父子和好如初，听儿子诉说了事情经过后，将李娃正式迎娶入门。荥阳公子后来位居高官，李娃也被封为汧国夫人。

作者在小说中虚构了一个娼妓与士人历经磨难，终于圆满结合的爱情喜剧。在唐人传奇中，本篇不仅结构完整，而且与其他小说相比，情节更为波澜起伏，跌宕多姿，是中国唐宋传奇中最优秀的作品之一。鲁迅在《中国小说史略》中称赞道："行简本善文笔，李娃事又近情而耸听，故缠绵可观。"

《李娃传》对后世影响巨大，传统戏曲、小说中"落难公子中状元，中了状元大团圆"的俗套即滥觞于此。元代高文秀的《郑元和风雪打瓦罐》，石君宝的《李亚仙花酒曲江池》杂剧，明代薛近衮的《绣襦记》等，都是根据这篇小说改编的。

蒋防的《霍小玉传》也是一篇描写妓女与士子恋爱的传奇小说，但故事的悲剧结局与理想化的《李娃传》相比，有了更为深刻的现实意义。

《霍小玉传》约写于唐宪宗元和年间（806—820），时代略晚于《李娃传》和《莺莺传》。小说的女主角霍小玉本是唐玄宗时霍王的小女儿，她的母亲净持是霍王的宠婢。霍王死后，小玉的兄弟们嫌她是庶出，身份低微，于是拿了些资财把她们母女打发出了王府，小玉从此沦落风尘。新科进士李益在京城等待朝廷安排官职期间，四处寻求名妓为佳偶，经媒人介绍与小玉相识。小玉貌美如仙，又聪慧多才，诗书音律，无所不通。她知道李益的爱，只是因为自己年轻貌美。一天深夜，小玉忽然悲从中来，唯恐自己将来年老色衰被李益抛弃。李益于是指天发誓，还将誓言写在了白绢上。两年后，李益得官，授郑县主簿。霍小玉不敢多指望，只求能和李益再相守八年，八年后任凭李益另择高门，而自己则会出家为尼，绝不会再找李益。李益再次信誓旦旦，对小玉许下盟约。李益到任后回家探亲，他母亲为他和出身高门的表妹卢氏定了亲。李益屈服于现实的压力，与卢氏成亲，并断绝了和小玉的来往，和小玉玩起了失踪。霍小玉日夜思念成疾，用尽钱财打听李益的消息，甚至把最为珍爱的紫金钗也变卖了。可李益却无论如何不愿意去见小玉。一位黄衫侠客听到了这件事后义愤填膺。一天，李益出去春游时，这位黄衣侠客把他劫持到了小玉的病床前。霍小玉当面确定李益已经变心后，怒斥李益，并称死后必为厉鬼，使李益妻妾终日不安。之后，小玉长恸号哭数声而亡。李益也伤心欲绝，痛哭失声。后来，因冤鬼作祟，引发李益对卢氏的不断猜忌，最终休了卢氏。此后李益接连娶了三个老婆，都和之前一样没有好结果。

这部小说中的李益就是历史上有名的那位中唐边塞诗人,他猜忌妻妾的事史书上也有提及,但这篇《霍小玉传》却是蒋防虚构的。在虚构的情节中出现生活中的真实人物,这种在现代小说创作中常用的方式,增加了故事的真实可信度,更能打动读者。

与《李娃传》理想化的喜剧结局大相径庭,《霍小玉传》是一出实实在在的悲剧。在封建社会的等级制度和唐代的门阀制度下,妓女和士人的爱情不可能有美满的结果。《李娃传》中的"圆满"虽然可以满足作者和读者的美好愿望,但《霍小玉传》的悲剧才是对社会现实的更深刻的批判。在以爱情作为题材的唐传奇中,《霍小玉传》在思想的深刻性和认识价值上都是成就极高的一部上乘之作,代表着唐传奇发展的一个高峰。明代胡应麟称赞唐人小说纪闺阁事绰有情致,并认为"此篇尤为唐人最精彩动人之传奇,故传诵弗衰"(《少室山房笔丛》)。小说最成功的便是塑造了霍小玉这样一个富有个性的经典女性形象,以及李益这样一个经典的负心汉。另外,这部小说不但以情节曲折取胜,也以描述的委婉细致见长。明代著名戏剧家汤显祖先后两次将此篇编成剧本《紫箫记》和《紫钗记》,足见他对这个故事的喜爱。

乱世豪侠的传奇——《虬髯客传》、《昆仑奴》

唐代的传奇小说中有一群很特别的人物,他们就是晚唐动乱的时代催生出的豪士侠客。侠客是古代社会一个很独特的群体,他们大多出身下层,违章抗法,疾恶如仇,而且重仁义,重信诺,重恩仇,他们游离于主流社会之外,甚至还会被主流社会正统人士所排斥。早在两千多年前,司马迁的《史记》中就有游侠、刺客列传,但他们的故事就和他们的人一样更多的时候是游离于主流文字之外的。唐王朝的统治者在创造了辉煌的盛世之后,从"安史之乱"开始走上了动荡的下坡路,晚唐时出现了藩镇割据的局面。当时各地藩镇势力强大,而且互相敌视,除了招兵买马加强军事实力之外,还把蓄养刺客作为牵制和威慑对方的秘密武器,游侠之风因之在社会上盛行。而神仙方术的蔓延，又赋予这些侠客超现实的神秘色彩。乱世之中的人们对现实不满，又找不到出路，便寄希望于那些锄强扶弱、伸张正义的侠客。不畏强暴、本领非凡的侠客就成了人们心目中的英雄，受到人们的敬重和爱戴，关于他们的传奇故事也就应运而生。在这种背景下，晚唐传奇出现了以《虬髯客传》《昆仑奴》为代表的一批豪士侠客传奇，其侠肝义胆的英雄豪气一改中唐传奇以婚恋题材为主的温柔之风，而这些豪侠故事也成为中国传统武侠小说最早的萌芽。

《虬髯客传》是"唐传奇"中的名篇，写的是唐朝开国大将李靖与红拂女、虬髯客的故事，相传为唐末道士杜光庭所作。隋朝末年，李靖以一介布衣的身份到长安谒见司空杨素，侍立杨素身旁的红拂女被李靖的风采和非凡见解所倾倒。当夜，红拂女找到李靖的住所，以身相许，与李靖私奔逃离长安。路途中二人结识了想来中原建功立业的大侠虬髯客。后来三人来到太原，通过刘文静的介绍，见到了年方二十的李世民。虬髯客本来有志于争夺天下，但他见到李世民后，见其神气不凡，知道是真命天子，自己不能匹敌，于是倾尽家财资助李靖辅佐李世民成就功业。而虬髯客则远走他乡，入扶馀国自立为王。

本篇中的李靖、红拂、虬髯三人个性鲜明，又都有侠义之气，因此被后人称为"风尘三侠"。这篇传奇的情节和两个主要人物红拂女、虬髯客其实都是虚构的。作者写这个故事不过是想表现李世民是真命天子，由此宣扬唐王朝统治者的正统地位。但抛开这一点来看，这个短篇在"唐传奇"中实属精彩佳作。小说的情节开展简练明快，而对人物的描写也颇为传神，红拂女的机智俏丽，李靖的沉着英俊，虬髯客的豪迈卓异，相映成趣，让读者印象深刻。又如对李世民的描写，虽着墨不多，但气象不凡的翩翩少年形象也跃然纸上。就艺术成就而言，本篇算是晚唐豪侠小说中成就最高的一篇，金庸曾评论说此文写得"虎虎有生气"。虽然历代都有人根据这篇小说进行敷衍和改编，如明代有张凤翼的《红拂记》和张太和的《红拂记》，以及凌蒙初的《虬髯翁》，但都不如《虬髯

中国小说入门寻味

客传》写得精彩传神。

　　如果你看过电视剧《大明宫词》,一定记得里面有这样一段情节:太平公主与好朋友韦氏偷偷溜出皇宫,兴奋地逛起了大街,在一个卖面具的摊位前,太平公主被一个黑如锅底、鼻子宽阔的面具吸引。太平公主好奇地问这是什么面具。摊主告知,这叫昆仑奴面具。大海盗王世杰刚刚从海那边贩回来一批昆仑奴,个个体壮如牛,却性情温良,踏实肯干,一到长安就被贵族豪门瓜分殆尽。如今,上街能带两个昆仑奴保镖,是世家少爷们最时兴的玩意儿!这昆仑奴,其实就是唐代从印度半岛及南洋诸岛贩卖来的黑奴。当时的长安城已经是一座国际化的大都市了,这些来自世界各地不同肤色的人在长安人眼里早已经是见怪不怪。据说当时还流传一句话,叫做"昆仑奴,新罗婢",意思是说当时的豪门大户喜欢用黑人作奴仆,用新罗国的女子做婢女。晚唐一位叫裴铏的文人创作了一部短篇小说集《传奇》,其中就有一篇以昆仑奴为主角的故事,篇中这位豪侠仗义、武艺高强的黑奴帮助自家少主人成功追到了女朋友。

　　崔生是当时一个大官的儿子,是位年轻俊美、性格内向的翩翩佳公子。一次他奉父命去看望一位生病的一品高官,遇见了高官府中最漂亮的家妓红绡。临别时,红绡用手势给崔生比划了一番。崔生回家后念念不忘红绡和她的神秘手势,弄得神魂颠倒。他的失常被家里的昆仑奴磨勒注意到了。磨勒问清了事情的原委,帮催生猜出了红绡手势之谜。于是,在红绡手势指明的那夜,磨勒带着链锤和崔生去了一品大官家。大官家有猛犬,见生人就吃,世界上只有磨勒一人能杀。杀了狗,他又背着崔生翻越十道高墙,找到了红绡的住处。红绡向崔生倾诉衷肠,愿离开高官府嫁给崔生。磨勒为了成全他们二人的好事,背上崔生和红绡,又飞越十道高墙将他们送回家。红绡在崔生家里隐居了两年,终究还是被一品大官发现。崔生供出了事情经过,一品大官便派人追杀磨勒。岂料磨勒技艺高强,在一阵箭雨之中竟然飞出高墙消失得无影无踪。

　　在唐代史料和许多传奇小说中,昆仑奴都是能够飞檐走壁、艺高胆大的大侠,《昆仑奴》是唐代这类传奇小说中是很有代表性的一篇。明代梁辰鱼根据这个故事撰写过《红绡》杂剧,梅鼎祚则写有《昆仑奴》杂剧,京剧《盗红绡》讲述的也是这段故事。我国京剧表演艺术家袁世海和厉慧良都表演过黑人"昆仑奴"。武侠大家金庸对这篇传奇颇为看重,他认为《昆仑奴》是中国最早的武侠小说之一。

如果你是个武侠小说迷,那么在沉迷当代武侠小说奇诡世界的同时,能花上一点点时间读几篇古人撰写的豪侠传奇,感受一下古人心目中的豪侠与现代作家笔下的侠客有什么不同,应该是件挺有趣的事。

传奇世界里的铿锵玫瑰——《红线传》、《聂隐娘》、《谢小·蛾传》

中国古代的女性似乎总给人一种柔弱的印象,从捧心蹙眉的西施,到"病如西子胜三分"的林黛玉,千百年中,不论是传说还是文艺作品,古典美女们常常以一种弱柳扶风的姿态出现。不过中国古代女性的这种形象在晚唐传奇中被彻底颠覆,当时流行的江湖豪侠传奇不仅塑造了虬髯客、昆仑奴这样的江湖侠客,而且还出现了以红线、聂隐娘、谢小蛾等为代表的一群侠肝义胆的传奇女子,在一片弱质芊芊的古代女性形象中,她们犹如夺目的铿锵玫瑰傲立于百花丛中。这些古代最早的女侠们都有怎样的故事呢? 我们这就来看看。

红线是《红线传》的女主角,她是潞州节度使薛嵩的青衣,因擅长弹奏阮,又通晓经文,因此薛嵩派她掌管文书之职。朝廷让薛嵩的女儿嫁给魏博节度使田承嗣的儿子,让薛嵩的儿子娶滑台节度使胡章的女儿,使三家结成了姻亲。

田承嗣意图夺取薛嵩的土地,便以患肺气为由,从军队中选拔了三千勇士,高薪供养在府中,命名为外宅男。薛嵩听到消息后忧心忡忡,却又无计可施。一天夜里,红线看出主人的忧虑,便主动请缨前去查看。原来她竟然是身有异术的奇人。当夜红线便整装出发,天蒙蒙亮时就回

来了。红线在戒备森严的田府穿屋过庭如入无人之境，直达田承嗣的卧室。此时田正在酣睡，他的枕头前露着一把七星剑，剑的前面有一个金盒。红线便把金盒作为信物带了回来。红线拔下她的簪子，碰到那些卫士的衣裳，那些卫士就昏睡不醒，因而轻易地就出来了。

薛嵩派使者将金盒送还给田承嗣。正在派人查找丢失金盒的田承嗣收到金盒时吓得一屁股坐到地上。他赶紧给薛嵩送了许多财物，为自己的行为辩解。一场危机至此化解。红线此时也功成身退，向薛嵩告辞。她说自己前世是一个以治病为生的男子，因用错了药，致使一个孕妇和她肚里的两个孩子都死了，于是她投胎转世成为女子以赎罪。这次她帮助主人避免了一场争战，算是赎了罪。薛嵩挽留不下，于是亲自为红线饯行，还为她作了一首词，亲自为她高歌。一曲终了，薛嵩悲从中来。红线含泪拜别薛嵩，佯装喝醉离开宴席，不见了踪影。

这篇传奇出自晚唐袁郊所撰的传奇集《甘泽谣》。唐人传奇一般都是用散文写的，但《红线传》中掺杂了很多骈文，使小说读来别有一番韵味。小说中的红线文武全才，是剑侠故事中少有的人物，她急人之难、艺高胆大，在中国古代文学中也是一个特出的侠女形象，广为流传。

裴铏所撰《传奇》中有一篇《聂隐娘》，讲述的是一个杀手女侠的故事。

聂隐娘是魏博节度使手下大将聂锋的女儿，她十岁时被一女尼看中。女尼施法术将她"偷"到深山的洞中，教她剑术和"白日刺人，人莫能见"的神奇功夫，并把她训练成为杀手。五年后女尼将她送回了家。身怀绝技的聂隐娘回家后，自主择婚，却选了一个除了磨镜什么都不会的少年。聂父死后，魏博节度使与陈许节度使刘悟不和，便命令聂隐娘去暗杀他。结果聂隐娘却转而投靠了刘悟。魏博节度使又另派精精儿和妙手空空儿先后前往暗杀，都被隐娘以法术破解。后来刘悟入觐，隐娘告别而去。刘死后，隐娘至京师刘的灵柩前恸哭而去。唐文宗开成年间(836—840)，刘悟的儿子刘纵受任陵州刺史，路遇隐娘。隐娘告知刘纵将会有大灾,来年辞官方能脱灾,并送给他一粒药丸,可以保一年无事。刘纵不相信,没有休官,第二年果然死于陵州。从此再也没有人见过聂隐娘。

这篇传奇的内容有不少荒诞诡怪的成分,但也反映出中唐以后藩镇之间暗杀之风盛行的历史真实。有趣的是,本篇中女尼掳去聂隐娘至山中传授武功的桥段,开启了一种侠客的武功训练套路,被后世很多武侠小说效仿。《聂隐娘》和《红线传》这两篇女侠传奇,成为后来女侠小说的雏形。

《南柯太守传》的作者李公佐在他的另一传奇名篇《谢小娥传》中刻画的女侠则是一位坚韧的"复仇天使"。

民女谢小娥八岁丧母,后嫁给侠客段居贞为妻。小娥的父亲是一位低调的富商,常常和女婿段侠客在江湖上闯荡,没人知道他很有钱。小娥十四岁这年,谢父和段侠客在经商途中均被盗贼所杀,所有的财物都被劫掠一空,段家子弟和谢家子侄、家丁仆人全都被贼人沉江溺水而死。小娥失足跌入水中,被其他船只救起才捡回一条命。

获救之后,小娥立志要为父亲和丈夫报仇。小娥的父亲和丈夫分别托梦,用隐语告诉她凶手是谁。梦中醒来,小娥广求有识之士却始终不能解开谜语。后来她遇到了作者李公佐帮她解开谜底:凶手的名字一个叫申兰,一个叫申春。于是谢小娥女扮男装,一边为人做佣工,一边寻访凶手。一年后,她来到浔阳郡,碰巧发现了申兰家正在招聘佣人,于是她应聘进入申家为佣,并逐渐取得了申兰的信任。两年之后,小娥终于伺机杀死申兰,并通知官府擒获申春及其党羽。大仇得报之后,小娥遁入空门,出家为尼,云游四海。

《谢小娥传》刻画出一位性格鲜明而又富于真实感的巾帼侠客形象。不同于红线、聂隐娘都身具神奇异术,谢小娥只是一个普通的女子,她凭着一颗复仇的决心,忍辱负重,矢志不移,而她复仇成功靠的是自己的沉着机智,有勇有谋,最终将一伙作恶多端的江洋大盗彻底消灭。这

是本篇与当时一般的侠义故事有所不同之处,而作者李公佐更以第一人称的叙述来表明这是一篇实录的人物传记。故事中虽然加入了托梦这样脱离现实的情节,但整个故事却仍然感人至深。故事中谢小娥的坚贞犹令后人钦佩。此篇传奇当时便广为流传,唐人李复言《续玄怪录》中《尼妙寂》一则即据此写成;北宋宋祁、欧阳修等撰写《新唐书》时,把这件事写入《列女传》中;明代凌濛初在《初刻拍案惊奇》中将这个故事改编成《李公佐巧解梦中语,谢小娥智擒船上盗》;清代王夫之则将这个故事演化为《龙舟会》杂剧,可见其对后世文学的影响。

中国的封建社会里女性一直是男性的从属品,大多数古代文学作品中,她们要么摆脱不了被压迫、被玩弄的悲剧命运,要么就得"内外兼修"达到男性心目中的完美形象才能获得圆满结局。因此,像红线、聂隐娘、谢小娥这样遗世独立的奇女子形象不仅是在古代,就算是现代读者看来也是格外让人印象深刻的。

此恨绵绵无绝期——《长恨歌传》、《杨太真外传》

在近三百年的大唐王朝历史上,杨玉环是个让人不能不说的女人。作为唐玄宗最宠爱的妃子,她生活在盛唐的繁华宫廷,却最终在安史之乱中命丧马嵬坡,一生仅活了38岁。唐朝历史上,她或许不是最重要的女人,但一定是最受文学艺术家青睐的女人。诗歌、小说、戏曲,古代文人用不同的方式讲述着她与唐明皇的爱情故事,倾注了各自不同的理解和情感。在唐宋两代的传奇名篇中,都有以杨贵妃为女主角的作品,我们不妨把它们放在一起来看看。

在有关杨玉环的文学作品中,最著名的莫过于白居易的那首长诗《长恨歌》,它让人感慨于唐明皇和杨贵妃的旷世爱情。"长恨歌"几乎成了李、杨爱情的代名词。但是很多人不知道的是,同样以"长恨歌"命名,描写这段历史故事的,还有一篇和白居易的《长恨歌》同时创作的传奇小说《长恨歌传》。这两篇文学作品不禁让人联想起现在影视界流行的"套拍",凝练精致的《长恨歌》仿佛一部浓缩精华的唯美电影，而《长恨歌传》就像一部套拍的同名电视剧，把电影中敷衍不开的情节一一铺陈，娓娓道来。

唐玄宗像

《长恨歌传》的作者陈鸿，字大亮，是一个"为文辞意慷慨，长于吊古，追怀往事，如不胜情"的文士。他长于研究历史，是白居易的朋友。唐宪宗元和元年（806年）的冬天，他和白居易、王质夫三人到盩厔（今陕西省周至县）的仙游寺游玩。三个人边走边神侃，聊着聊着就聊到了唐玄宗和杨贵妃的故事，王质夫便鼓动白居易作首诗，于是白居易一不留神就写了一首传诵千古的《长恨歌》。有了诗还不够，王质夫又怂恿同游的陈鸿另写一篇传记，于是有了《长恨歌传》。

这篇传奇取材于历史，内容与《长恨歌》相同，先讲述开元年间杨贵妃入宫，在安禄山叛乱后，她跟唐玄宗在入蜀路上死于马嵬坡的始末，而后写玄宗自蜀还京后对杨妃思念不已，方士为玄宗求索贵妃的魂魄，终于在海上仙山见到贵妃。贵妃言说起天宝十年（751年）于七夕夜与玄宗盟誓的往事。"长恨"一诗一传，相得益彰，相辅而行，读此传可让读者明白故事的原委，更能帮助欣赏诗歌的深美。

《长恨歌传》虽然对人物形象的刻画、故事情节的渲染以及语言的提炼逊于白居易的《长恨歌》，但是篇中行文流畅生动，布局谨密严整，字里行间所流露出今昔低回之感，叙事中带有浓厚的抒情意味，也是《长恨歌传》的特色。作者写此传意在劝诫讽喻。篇中对玄宗晚年的纵情声色、政治腐败有所涉及，对杨贵妃是玄宗从其子寿王府取来也直书不讳。但作者在美化李、杨的爱情的同时，又提出"不但感其事，亦欲惩

中国小说入门寻味

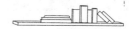

尤物(以美色为惩戒),窒乱阶(堵塞祸原),垂于将来(使将来的人也知道)"。把祸国殃民的罪过全都归到一个女子身上,就完全是封建士大夫的思想了。

杨贵妃的故事自唐代开始就广为流传,北宋时,一位官员乐史又将这一题材进一步发挥,撰写了一部篇幅更长的传奇《杨太真外传》。

《杨太真外传》分上、下两篇,写了杨贵妃的一生,尤其把玄宗、贵妃生死相恋写得回肠荡气。杨贵妃名玉环,字太真,原为寿王妃,后归玄宗,册封为贵妃,玄宗对其宠爱异常。贵妃姐妹兄弟皆受封,一时杨氏权倾天下。后来安禄山起兵,潼关失陷,在逃亡蜀中路上杨贵妃被玄宗赐死。后肃宗即位,太上皇回京后日夜思念贵妃,有位蜀中方士,在蓬莱仙阁寻到杨太真,说及长生殿盟誓的秘事,并以"钿合金钗"为证。这篇传奇的内容与白居易的《长恨歌》和陈鸿的《长恨歌传》相类似,但情节上更加具体细致,如小说中铺写了杨国忠兄妹骄奢淫逸,挥霍无度的生活:仅韩国、虢国、秦国夫人脂粉钱一项,便是每人每月十万钱;一次,梨园弟子为秦国夫人献演,秦国夫人赏钱就是三百万。篇末的"史臣曰"指出创作宗旨:"今为外传,非徒拾杨妃之故事",而意在揭示"唐明皇之一误,贻天下之羞"。与陈鸿的《长恨歌传》"惩尤物,窒乱阶",将杨贵妃视为红颜祸水的观点相比,《杨太真外传》已经有了明显不同。

《杨太真外传》在艺术上虽然不够成熟,但影响却很大。因其采录了《明皇杂录》、《开天传信记》、《安禄山遗事》、《逸史》、《开元天宝遗事》中几乎所有关于唐明皇、杨贵妃的资料,所以常被后世的著述所征引。后世关于杨贵妃的戏曲多达三十余种,其中最有名的当属元代白朴的《唐明皇秋夜梧桐雨》杂剧和清代洪昇的《长生殿》,而它们都受到了《长恨歌传》与《杨太真外传》的影响。

杨贵妃这个历史上的真实人物,在史册典籍中笔墨寥寥,但在民间、在文学作品中,她的故事却广为流传,成为文人创作的重要题材,她的形象则在不同作家笔下变得丰富生动起来。"回眸一笑百媚生,六宫粉黛无颜色"的杨玉环原本只是一个美丽而普通的女人,但是走进帝王之家,注定了她的命运与政治、历史紧密相连。她与玄宗皇帝的功过是非,不同时代、不同人有不同的解读,通过这两篇传奇或许你也能找到自己的解读方式。

后宫红颜的悲剧人生——《赵飞燕别传》、《梅妃传》

从港剧《金枝欲孽》开始,以后宫争斗为题材的"宫斗"剧在中国的电视荧屏上大放异彩,各种各样的后宫阴谋,在与现实的职场暗战勾兑之后得到了前所未有的发扬光大,《宫心计》、《步步惊心》、《美人心计》直到掀起"甄嬛体"热潮的《甄嬛传》,每一部都能笑傲江湖于一时。后宫,封建王朝中这处充满禁忌的皇家幽深之所,对于身处其中的古代女子,就是一个华丽而残酷的竞技场。在这个与世隔绝的世界里,那些失去自由的妙龄女子,只能把自己的命运寄托在一个或许连面都见不到的男人身上,要么争宠上位,一朝得道鸡犬升天,过上杨玉环和她的家族那样呼风唤雨、风光无限的日子;要么就只能像那"闲坐说玄宗"的白头宫女一般,一生与孤寂为伴。于是,在漫长的后宫历史上,她们上演了无数钩心斗角,甚至血腥杀戮的戏码。这些隐秘的故事不仅在现代社会能勾起人们的好奇,就是在古代也是文人们津津乐道的谈资和创作素材。《赵飞燕别传》和《梅妃传》这两篇宋代传奇,就向我们讲述了汉唐皇宫里两个女人不同的命运。

赵飞燕就是历史上著名的"环肥燕瘦"中的那位"燕瘦"美人。她是汉成帝的皇后,原名宜主,"飞燕"是她的外号,这缘于她的舞姿轻盈如燕飞凤舞。传说这位骨感美人轻盈到能站在由人托着的盘子中跳舞。赵飞燕出身贫寒,出生后便被父母丢弃。但她竟然三天后仍然活着,父母也觉得奇怪,就把她带回家抚养。稍大后,她和妹妹赵合德一同被送入阳阿公主府,开始学习歌舞。在这里她的舞蹈天赋得以发掘,从而有了"飞燕"之称。汉成帝刘骜在阳阿公主府见到赵飞燕后,大为欢喜,将她召入宫中。她的妹妹之后也被召入宫中,两人同被封为婕妤。后来皇

帝废了许皇后,立飞燕为后,把赵合德立为昭仪,两姐妹专宠后宫,显赫一时。汉成帝死后,赵飞燕姐妹无子,由定陶王刘欣即位,即汉哀帝,赵飞燕被尊为太后。哀帝没过几年就死了,汉平帝刘衍即位。由于赵合德害死了后宫的皇子,被平帝送去陪葬汉成帝,赵飞燕也被废为庶人,自杀而死。关于这一段宫廷历史,唐代以后为文人津津乐道,李白曾作《长信宫》诗盛赞"天行乘玉辇,飞燕与君同",更因为《清平调》"借问汉宫谁得似,可怜飞燕倚新妆"一句得罪了杨贵妃,一辈子没官当。宋代以前就有人把赵飞燕的故事编成小说,如假托汉代伶玄的《赵飞燕外传》等,至宋代则出现了秦醇的传奇小说《赵飞燕别传》。

这篇传奇以《汉书》中赵飞燕与其妹昭仪受成帝专宠及杀害皇子的史事为依据进行创作。小说中,皇后赵飞燕为巩固自己的地位,望子心切,便暗中勾引年少子弟,不慎被成帝发觉。后来飞燕又谎称有孕,派遣宫使王盛两次偷带民间婴儿入宫,都以失败告终。这时掌茶宫女朱氏生下一子,飞燕之妹昭仪便怒不可遏,命宫吏祭规将婴儿摔死在柱下,此后宫人凡有怀孕生子的全都被杀。成帝因荒淫过度死于昭仪床榻。太后追问皇帝病因,昭仪畏罪自杀。

这篇传奇围绕飞燕姐妹争宠这条主线,对比较能表现主题和人物性格的情节展开描写,详略得当,文辞优美,有较强的可读性。但小说中有一些荒诞诡异的描写,却也是宋代市民文学中常见的现象。

元末明初,陶宗仪所编的《说郛》中收入了一篇描写唐玄宗宫廷生活的传奇《梅妃传》。原题作者为唐人曹邺,但鲁迅指出这是出自宋人假托,作者的真名已经失考。据推测,这篇传奇应该是由南宋文人所作。

《梅妃传》中的梅妃名为江采苹,莆田人。开元中,被选入后宫。江采苹才色俱佳,能诗善文,尤其喜爱梅花,所以唐玄宗赐名梅妃,集后宫宠爱于一身。后来,杨玉环入宫,她逐渐失宠,被杨贵妃迁入上阳东宫。有一次,玄宗与她秘密在翠华西阁相会,被杨贵妃发觉,大闹了一场,此后就连这样的会面也不可得了。玄宗密赐她一斛珍珠,她却没有接受,并赋诗一首:"柳叶双眉久不描,残妆和泪污红绡。长门自是无梳洗,何必珍珠慰寂寥。"后来"安史之乱"爆发,玄宗西逃,杨贵妃缢死于马嵬坡,梅妃在宫中被乱兵所杀。玄宗东归后,在梅树旁掘得梅妃尸首,以妃礼改葬。

《梅妃传》在情节上有模仿《杨太真外传》的痕迹,但二者又有很大的不同。《杨太真外传》着重写的是杨贵妃及杨氏一族由荣贵已极走向灭亡的过程,渲染的是李、杨爱情的缠绵隽永,而《梅妃传》则着重写了梅妃在争宠中失败的痛苦和悲哀。小说中的梅妃是一个温婉的女人,作者在这篇传奇中对梅妃的遭遇赋予了极大的同情,而将指责的矛头直指唐玄宗沉溺声色,荒淫失政。

历史上有无梅妃其人,现在各有不同说法。正史之中并没有记载过唐明皇后宫有这么一个梅妃,鲁迅在《中国小说史略》中认为"盖见当时图画有把梅美人号梅妃者,泛言唐明皇时人",据此推断作者因此虚构了这篇小说。但现代仍有学者从地方志等不同方向对其进行考证,认为确有梅妃其人。"梅妃"是否真实存在于历史上其实并不重要,历史上和她一样的后宫女子何止千万。在这个非常之地,得宠者,如赵飞燕、杨玉环,失宠者如江采苹,其实都是不幸的女人。今天的我们,不论是看小说还是电视剧,当我们把目光从她们之间钩心斗角的阴谋诡计转向她们个人命运的时候,也不免会长久叹息。

世间何物似情浓——《娇红记》

四川省成都市的东南有一条著名的锦江。"濯锦之江,源远流长",自古以来,成都的蜀锦闻名天下,织锦的女子就是在这条江中浣出美丽的蜀锦,锦江也因之有了"濯锦江"之称。"锦江春色来天地,玉垒浮云变古今",历代文人墨客,如李白、杜甫、陆游、苏轼、沙汀、李劼人等为锦江留下了无数脍炙人口的诗篇。千百年来,锦江两岸,无数人间悲喜的故事伴着缓缓的江水在时间的长河里倏忽流逝,就像锦江中泛起的朵朵

浪花,数也数不清。在这些浪花中,让我们撷取一朵,说一个"鸳鸯冢"的爱情故事。

话说宋徽宗宣和年间,成都有一位名叫申纯的书生,他天资聪颖,一表人才。因为科举落第,他成天闷在家里郁郁寡欢。于是父母便要他到眉州的舅舅王通判家走亲戚散散心。在舅舅家,申纯遇见了表妹王娇娘。二人都被彼此的风采和美貌吸引,一见钟情。后来二人常以诗词往来,传情达意,经过几番碰撞、试探后,终于互通心曲,剪发为誓。但是碍于宗法礼教,他们不敢公开表露自己的感情,只能背着娇娘的父母和丫环暗中往来。时光飞逝,申纯不能老是赖在舅舅家不走,只好回自己家。申纯回家后即派媒人上门求亲,但王通判嫌外甥只是个布衣书生,便以朝廷规定内亲不得通婚为由,回绝了婚事。

受了求亲失败的打击,申纯在家闷闷不乐。他曾经与妓女丁怜怜相好,丁几次三番邀请见面,申勉强前往,并把自己与娇娘相爱的事告诉了丁。丁告知曾在帅府见过娇娘画像,并求申纯问娇娘讨一双花鞋。没过多久,相思成病的申纯谎称被鬼缠身,要远避离家,于是又来到舅舅家与娇娘幽会。二人的行迹被王通判的侍女飞红发现。这飞红也是个二八年华的俏佳人,暗中也对申纯有了爱慕之情,因而心生嫉妒。当她发现申纯私下偷了娇娘花鞋,便故意给他们制造误会,又设计让娇娘的母亲发现申、娇二人私会,申纯迫不得已回了家。

申纯回去再赴考场,高中进士。他再次来到舅舅家,但因舅母的严密监视,二人无法相见,只能朝思暮想,申纯更是因相思被鬼魅缠身。此时,娇娘知道飞红因妒而从中作梗,于是时常讨好厚待飞红,二人终于尽释前嫌。飞红被二人的真情感动,主动为申、娇二人出谋划策,帮助促成他们的婚事。飞红安排二人相会,又请巫婆驱赶鬼魂。不久后,娇娘的母亲病故,娇娘的父亲中年丧妻,倍感凄凉,他见申纯少年登科,大有前程,便同意了二人的婚事。谁知正当申、娇二人欢欣鼓舞的时候,帅府公子得知娇娘美丽,又跑来横插一脚,软硬兼施,非要娶娇娘为妻。娇娘的父亲惧怕和贪恋帅府的权势,又把娇娘许给了帅府公子。申、娇二人的婚事又成了泡影,娇娘郁郁成疾。随着婚期渐近,娇娘的病情日重,估计不久于人世,于是相约与即将乘舟离去的申纯诀别,不久后绝食离世。申纯闻讯自缢未遂,最终一病而亡。王父悔不当初,将娇娘的灵柩送往申家,二人得以合葬于濯锦江边。后来飞红梦见二人成仙。第二年清明,娇娘父亲来到女儿坟前,见一对鸳鸯嬉戏于坟前。后人慕名而来,凭吊感叹,名之为"鸳鸯冢"。

这一对表兄妹的爱情悲剧就是元代传奇小说《娇红记》所讲述的故事。元代以来,这个故事不断被王实甫、朱经等杂剧作家搬上戏曲舞台,这些戏曲中尤以明末清初孟称舜改编的传奇剧本《节义鸳鸯冢娇红记》最为成功,影响巨大。因此,《娇红记》现在更多的是以"娇红记杂剧"的形式被人提及,而这部作为故事源头的小说却被隐没在了戏曲的身后。关于小说《娇红记》的创作情况现在仍知之甚少,只在《娇红记杂剧序》中有一句"元清江宋梅洞尝著《娇红记》一编,事俱而文深",后人据此推知小说的作者叫宋梅洞。

宋元两代,传奇小说告别了唐代的繁荣陷入沉寂,在一片萧条中,《娇红记》的出现犹如一股清风,让人精神一振。《娇红记》的布局、笔法继承了唐人传奇,但情节更加曲折,情调更加缠绵,而且在规模上也比篇幅短小的唐传奇有了很大的扩展。全书分为上、下两卷,是现存宋代以后最早的一部文言中篇小说,它标志着中国文言小说已从短篇向中、长篇过渡。

这篇小说的文笔细腻,人物心理刻画深微,而在情节设置上则有很多桥段借鉴了前人的作品,如男女幽会、诗帕传情等情节,似元稹《莺莺传》的套路,小说最后写申、王两位有情人死后化作鸳鸯,翩翩冢上,无疑又有《搜神记·韩凭夫妇》的影子,甚至还可以看到《孔雀东南飞》的影响。与前人这类言情小说相比,《娇红记》更胜一筹的地方在于,它不仅歌颂了青年男女坚贞的爱情,而且写出了这种爱情的被扼杀。小说中无论申纯和王娇娘爱得多么热烈和坚定,但他们的命运都不掌握在自己手里,只要他们的家长中有一个人不愿意,他们就不能在一起。不仅如

中国小说入门寻味

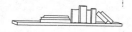

此,他们的结合还有外来的阻碍:帅府公子看上娇娘,王通判就对申纯背信弃义转而把娇娘许配给他。就这点来说,《娇红记》在反映人的正常要求与当时社会环境的矛盾方面比它以前的任何小说都要深入。尽管作品最后娇娘与申纯死后成仙的情节显得画蛇添足,但申、王爱情的悲剧性并不能因此而抵消。因此,后世有人将这个故事评为"中国十大悲剧故事"之一。

以今天的眼光来看,《娇红记》是一部歌颂爱情的小说佳作,但在封建统治者和道学先生的眼里却是粒容不下的沙子。《娇红记》提倡男女相悦、无媒而合,赞成为情殉身,而且文笔香艳,全都有伤风化,因此,这本小说一向被当作淫书,清代更是被列为禁毁书目,成了"扫黄打非"的对象。但是《娇红记》的影响力却没有因此被消解,相反,它对后世产生了十分广泛的影响。明清两代才子佳人的言情小说,从遣词谋篇到内容风格,都可以看出《娇红记》的痕迹。小说中才子与佳子互相倾慕、诗词往来、吟咏唱和、私订终身、遭遇小人播弄等情节,更为无数文人效仿,就连小说人物的取名也被后世同类小说跟风,如《玉娇梨》、《平山冷燕》等等。由此可见,艺术的生命力即使被套上了禁锢的枷锁也依然能够焕发出耀眼的光芒。

神怪外衣下的乱世纪实——《剪灯新话》

公元 1465 年,朝鲜诗人金时习创作了一本短篇小说集《金鳌新话》。两百年后的日本江户时代,一位作家浅井了意写了一部鬼怪故事集《伽婢子》。不同国家、不同时代、不同作者的两部小说集看起来风马牛不相及,但是它们之间还真的是有点渊源,而这渊源就是中国明代洪武年间一个叫瞿祐的人创作的传奇小说集《剪灯新话》。这部集子在众多的传奇小说作品里或许不是最好的,但在传奇小说的发展史上它却有着很不一般的地位。

《剪灯新话》共有 4 卷及附录 1 卷,包括 21 篇传奇小说。瞿祐在这些作品中仿照古人，用灵怪、艳情、神仙之类的故事表现元明之际的战乱纪实、文人罹祸和儿女情恋等主题，触及改朝换代带来的社会动乱、政治腐朽与人民苦难，并表现了青年男女对爱情和婚姻自由的追求。"借鬼说事"是瞿佑曲折表达自己心声的重要方式。在《剪灯新话》里占有相当分量的婚恋题材中就有很多"人鬼情未了"的爱情故事，如其中的名篇《绿衣人传》、《金凤钗记》、《滕穆醉游聚景园记》等。在人与鬼的爱情故事中，作者表达了自己对"真情"的看重；另一些作品则是借鬼神世界反映世人心态，借以影射社会现实，如《令狐生冥梦录》、《修文舍人传》等，作者借冥界阴司对最高统治者和封建律法、政治提出了尖锐的批评。

这部小说集的作者瞿佑，字宗吉，号存斋，浙江钱塘（今杭州市）人。瞿佑学问渊博，才华出众，却生不逢时，一生坎坷。早年他因避元末兵祸，寄居于四明、姑苏等地，饱受颠沛流离之苦。洪武年间，他曾做过仁和书院山长，临安、宜阳书院训导之类的小官。永乐初年，升任周王府右长史；永乐六年（1408年）周王犯了过失，瞿佑由于辅导失职，被拘入狱；永乐十三年（1415年）被流放到关外的保安，在那里度过了十年的苦难岁月。在流放中，瞿佑曾作过一首诗《旅事》，诗曰："过却春光独掩门，浇愁漫有酒盈樽，孤灯听雨心多感，一剑横空气尚存；射虎何年随李广，闻鸡中夜舞刘琨，平生家国潆怀抱，湿尽青衫总泪痕！"抒发了他壮志难酬的一腔悲愤和满腹辛酸。直到仁宗洪熙元年（1425年），瞿佑才因英国公张辅奏请而被赦还，并且，英国公起用他主理家塾，三年后放归。宣宗宣德八年（1433年）他病逝家中，终年87岁。瞿佑一生著述很多，据说有二十余种，但流传下来的只有《剪灯新话》、《田园诗话》、《咏物诗》等几种。

从瞿佑的生平可以看出，他一生既经历过元朝的残酷统治，又遭遇了改朝换代之际的社会动乱。到了明初，社会虽然趋于安定，但对于文人来说依然没有好日子过。明太祖朱元璋为杜绝文人批评时政搞起了文禁，这对于那个时代的文人又是一重打击。这些经历都为瞿佑积淀了创作的生活和思想基础。在明初的严刑峻法面前，文人为避免与统治者

的秕糡招来杀身之祸,于是追慕唐人,借写闺情艳遇、鬼怪神仙的传奇小说来曲折地表达对现实的不满成为一种相对安全的方式。《剪灯新话》就是在这样的历史条件下诞生的。现实环境的严酷,使瞿佑在《剪灯新话》写成之后"藏之书笥",迟迟不敢发表,仅以抄本流传,后来在刊刻时又用"海淫"、"语怪"之类的话加以掩饰。即便如此,这部小说集还是难逃厄运,成为中国历史上第一部被官方禁毁的小说。

虽然《剪灯新话》在文学上的成就并不是很高,但它的影响力却让人不能等闲视之。在中国小说发展过程中,《剪灯新话》扮演了一个接传薪火的重要角色。如前文所介绍的,传奇小说的创作高峰在唐代,到宋元时期,白话小说异军突起,而以文言写作的传奇陷入低潮,并且一直持续到明初,虽然其间偶有《娇红记》这样的亮点闪现,但依然难改传奇创作的沉寂局面。明初时,瞿佑以《剪灯新话》在当时沉闷的政治、文化环境中犹如投石入水,终于荡开了传奇的中兴之门,带来了明代传奇小说的兴盛。《剪灯新话》在当时不仅引起了无数读者的喜爱与共鸣,甚至连国子监里的经生儒士也把它作为时尚读物和谈资,而后起的效仿者也纷至沓来:永乐年间(1403—1424)有庐陵李祯的《剪灯余话》,宣德年间(1426—1435)有赵弼的《效颦集》,万历年间有邵景詹的《觅灯因话》。《剪灯新话》与这些作品共同构成了沟通唐传奇和清代《聊斋志异》这两个文言小说高峰之间的桥梁。除仿拟之作外,白话小说和戏曲也受到《剪灯新话》作品的影响。《金凤钗记》、《翠翠传》被元末明初的凌濛初改写成白话小说;《寄梅记》被周德清改写成话本,编入《西湖二集》;《金凤钗记》被沈璟改编成戏曲《坠钗记》;周朝俊的戏曲《红梅记》则采用了《绿衣人传》一些情节。

《剪灯新话》的影响力还超越了国境,它是中国历史上在东亚最具有跨国界影响力的古典小说集之一,在这些国家的小说发展中扮演了推动者的角色。《剪灯新话》从 15 世纪起就开始风行于朝鲜,后来也一直在日本、越南盛传,这些国家的许多作家因受到《剪灯新话》的启发而把它视为小说创作的最高典范,本篇开头提到的那两部小说集便是这些国家中受其影响而出现的重要作品。反而在中国，随着时间的推移，《剪灯新话》渐趋淹没，甚至在国内早已没有足本流传，明清流行的各种版本，篇数都已不足。今天我们所见到的篇数完备的《剪灯新话》是根据日本流传的活字本翻刻的，也由此可见此书在日本的影响。

孤愤老人与他的狐鬼世界——《聊斋志异》

说起《聊斋志异》，恐怕中国人都知道。就算没有读过原著，我们也能从各种影视剧、动画片里认识小倩、婴宁、小翠这些从《聊斋》里走出来的人物，熟悉"画皮"、"倩女幽魂"、"崂山道士"这些出自《聊斋》的故事。《聊斋志异》是我国文言短篇小说最杰出的一部作品，尽管问世已经几百年，但它的魅力却没有丝毫的减退，至今，书里那些神仙狐鬼精魅的故事还不断地出现在现代的艺术作品中，甚至被铺陈演化出各种各样不同的版本，吸引着中国乃至世界的观众。

写作这部《聊斋志异》的是三百多年前一位穷愁潦倒的老书生蒲松龄，"聊斋"是他书斋的名称。"聊"就是交谈聊天的意思。据说蒲松龄曾在他家附近摆了一个茶棚，他请喝茶的人给他讲故事，讲过之后可以不付茶钱，然后他就把这些听来的故事再作修改写到书里。"聊斋"的名称应该就是这样来的。"志"是记述的意思，"异"则指奇异的故事，所谓"聊斋志异"就是指在聊斋中记述奇异的故事之意。

蒲松龄，字留仙，一字剑臣，号柳泉，世称聊斋先生，而他自称异史氏。他出生在山东淄川一个逐渐败落的中小地主兼商

蒲松龄像

中国小说入门寻味

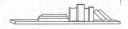

人家庭。由于父亲经商,他家也算是小康之家,蒲松龄早年还能够安心读书,与朋友办过诗社。后来家里发生了家庭矛盾,蒲松龄的两个哥哥都是秀才,但是两个嫂子却都是泼妇,经常为了点鸡毛蒜皮的小事把家里闹得鸡犬不宁。蒲松龄的父亲不得已只好给儿子们分家。因为两个嫂子能打能闹又能抢,而蒲松龄的妻子刘氏非常贤惠,自然争不过两个嫂子。最后蒲松龄一家只分到 3 间破得连门都没有的老屋和 20 亩薄田,240 斤粮食。从此,蒲松龄不得不自谋生路。为了谋生,他做过知县的幕僚,也当过有钱人家的私塾老师,而且一当就是 40 多年。蒲松龄一家穷到什么样子呢?他曾写过一首诗,描述快收麦子的时候,家里没有粮食,只好煮了一锅稀饭。他那时候有三个儿子和一个女儿,大儿子一看煮好了稀饭,抢先把勺子抢到手里面,到锅底下找最稠的往自己的碗里放。二儿子见了就去跟哥哥抢,而女儿就很可怜地、远远地站在那儿看着自己的父亲。此时作为父亲的蒲松龄既心疼又无奈,只能问自己,我怎么样养活我这些可怜的孩子啊!和古代千千万万读书人一样,蒲松龄一生都把科举考试当作出人头地的唯一途径。19 岁时他参加秀才考试,接连考取县、府、道三个第一,成为秀才,名震一时。但自此以后屡试不第,做了半个多世纪的秀才,直到 71 岁时才靠资历得了岁贡生。晚年的蒲松龄受到孙子夭亡、妻子刘氏病故的打击,悲痛欲绝。在妻子死后两年,蒲翁于康熙五十四年,即公元 1715 年的正月二十二日在聊斋与世长辞。

蒲松龄总是考不上举人和他一直在艰苦地写《聊斋志异》不无关系。蒲松龄的家乡山东淄川离齐国故都临淄只有数十里,当地流传着很多优美的民间传说。蒲松龄 5 岁时正赶上改朝换代,清军入关,在扬州屠城,在山东镇压农民起义,这其间产生了很多稀奇事,这些都影响到他写作《聊斋志异》。蒲松龄大概在做私塾教师时就开始写《聊斋》了。他的好朋友张笃庆发现蒲松龄因为写《聊斋》影响到考举人,还写了一首诗劝他专心去考试,别写小说了。但是蒲松龄不听劝,依旧孜孜不倦地搜集记录各种奇闻轶事,把它们写到自己的作品里。

蒲松龄一生始终在贫困线上挣扎,为了温饱挖空心思;他一辈子用了几十年的时间参加科举考试,屡战屡败,屡败屡战;在贫困和科举不第的打击中坚持《聊斋》的创作,这里面的种种苦处只有他自己才知道。对于自己受苦的一生,蒲松龄在《聊斋自志》中曾讲述了自己出生时一个病和尚入室的故事。他出生的那个晚上,他的父亲做了一个奇怪的梦。他看到一个瘦骨嶙峋、病病歪歪的和尚走进了妻子的内室,和尚裸露的胸前有一块铜钱大的膏药。蒲父从梦中惊醒后,就听到婴儿的啼哭声,原来是他的第三个儿子出生了。在月光的照耀下,蒲父惊奇地发现,新生的三儿子胸前有一块青痣,这块痣的大小、位置,和他梦中所见那个病病歪歪的和尚的膏药完全相符。这是蒲松龄40岁的时候对自己出生的描写。他用这个故事解释了自己一辈子这么穷困不得志,很可能就是因为自己是苦行僧转世。这个故事或许只是蒲松龄自己杜撰出来的,但却让今天的读者看到一丝苦涩的自嘲和悲凉。

齐鲁书社版《聊斋志异》

《聊斋志异》,通常都被简称为《聊斋》,它还有一个更形象的俗名——《鬼狐传》。鲁迅曾评说《聊斋志异》是"用传奇法,而以志怪"。蒲松龄在这部毕其一生创作的短篇小说集里,用传奇的表现手法写下了

四百多个志怪式的鬼狐故事,在曲折离奇的故事情节中成功地塑造了众多鲜明生动的人物,小说的结构布局严谨巧妙,文笔简练,描写细腻。中国古代文言短篇小说经历了唐人传奇以来的发展、沉寂、中兴之后,终于以《聊斋志异》完成了向巅峰的冲刺,其在文言短篇小说上的成就丝毫不逊于《红楼梦》在白话长篇小说领域的辉煌。

《聊斋志异》里大多数小说都是谈狐说鬼,那些奇异有趣的故事,难免容易被人当作一本消愁解闷的书来读。如果是这样来看这部书,不免辜负了蒲松龄穷其一生写作此书付出的心血了。蒲松龄在《聊斋自志》中说:"集腋为裘,妄续幽冥之录;浮白载笔,仅成孤愤之书:寄托如此,亦足悲矣!"可见蒲松龄写《聊斋》既不是单纯地搜奇猎怪,也不是一味借神怪充当道统的说教先生,而是把他自己对社会的认识、对生活的理想、对人生的感悟,以及内心强烈的情感全部熔铸进了这些故事之中。狐仙、鬼妖、人兽,不过是他用来概括当时的社会关系的曲笔,借此来揭示社会的腐败和黑暗。小说中的鬼狐世界实际上就是蒲松龄所生活的那个时代凡尘人世的缩影,也是 17 世纪中国的社会面貌。

《聊斋》中的故事大致可分为四类:第一类是怀着对现实社会的愤懑情绪,揭露和嘲讽贪官污吏、恶霸豪绅贪婪狠毒的嘴脸,歌颂被压迫人民的反抗斗争精神,如《促织》、《席方平》、《红玉》、《梦狼》等。第二类是对人间坚贞、纯洁的爱情,对为了这种爱情而努力抗争的青年男女的赞美与歌颂。《聊斋志异》中有相当多狐鬼精灵与人的恋爱故事,在这些故事里,作者用浪漫的想象与笔触,塑造了阿宝、梅女等众多容貌美丽、心灵纯洁的女性形象,她们也是在小说读者心中留下最深刻印象的部分。第三类是对腐朽的科举制度的揭露和批判,如《叶生》、《于去恶》、《考弊司》等。蒲松龄在这些故事中,勾画出考官们昏庸贪婪的面目,剖析了科举制度对知识分子灵魂的禁锢与腐蚀,谴责了考场中营私舞弊的风气。第四类则是带有道德训诫意义的寓意故事,劝谕世人要诚实、乐于助人、吃苦耐劳、知过能改等,如《种梨》、《画皮》、《崂山道士》、《瞳人语》、《狼》(三则)等。总体来看,《聊斋志异》有揭露社会矛盾,表达人民愿望的积极倾向,但由于作者所受的时代局限,作品中不可避免地也夹杂着一些封建伦理观念和因果报应的宿命论思想。

《聊斋志异》在艺术上取得了很高的成就,想象丰富、构思奇妙、情节曲折、境界瑰丽,形成了它独特的艺术风格,不论是人物形象塑造,表现手法的多样,还是语言特色都达到了一个高峰。郭沫若曾评价《聊斋》"写鬼写妖高人一等,刺贪刺虐入骨三分"。《聊斋志异》问世后便风行一时,模仿之作也跟风而起,如沈起凤的《谐铎》、和邦额的《夜谭随录》、浩歌子的《萤窗异草》、袁枚的《新齐谐》(亦名《子不语》)等。这些作品大都只得《聊斋》之形,而未及"孤愤"之神,其中虽不乏文笔流畅的作品,但始终无法与《聊斋》媲美。

第三章

话本小说：世俗精神的剪影

　　文言和白话是古代中国语文的两种文字表达形式，前者是书面语，后者是接近日常生活语言的文字表达方式。在话本出现之前，无论是笔记小说还是传奇小说使用的都是文言文。文言其实最初也是来源于先秦时期的口语，但是语言总是随着时代的变迁而不断发展变化的。随着时间的推移，人们在日常生活中使用的口语已经产生了很大的变化，但这种以先秦口语为基础形成的上古汉语早已经成为统治阶级"公文"的使用习惯并且定型化，于是就被一直沿用下来，作为不同于口头语言的书面语继续使用。从先秦诸子、两汉辞赋、史传散文，到唐宋古文、明清八股，中国人用文言写文章的传统延续了两三千年，直到"五四运动"后才被白话取代。文言文与人们日常使用的口语有较大的区别。在古代，会用文言文是一个人能读书识字有文化的象征。用文言写作的小说自然对读者的文化水平提出了很高的要求，因此，不管是作者还是读者，文言小说都局限在文人的圈子里，成了读书人的自娱自乐。宋代话本因为将白话引进小说创作，从而改变了这种格局，小说不再是文人的专享，开始从小众走向大众。

　　古代说话人的底本——话本，它的产生与宋代城市经济的繁荣发展紧密相连。宋代前后，手工业和商业的发展带来了都市的繁荣，为民间说唱艺术的发展提供了场所和观众，不断扩大的市民阶层对文化娱乐的需求又大大地刺激了民间说唱艺术的发展，从而产生出话本这种新的文学样式。也因为孕育出生于民间，话本从一开始就贴上了"俗"的标签——艺术形式上，体现出通俗的特点，它采用新鲜活泼、简洁明快、通俗易懂的白话，加上新颖的体制，为平民百姓所喜闻乐见；内在思想上，它是从普通民众的角度来表现历史和现实，体现出市民阶层的世俗精神。宋元的"说话"伎艺中，分有许多种类别，称为"家数"，其中占主要地位的是"小说"和"讲史"两类。"讲史"说的是历史故事，是以历史上或传说中的帝王将相、英雄好汉之类的人物为主的长篇故事。而"小说"则是以社会现实生活为主要内容的短篇故事，这些故事多是选取自一般市民的日常生活，小说中的人物也从过去文言小说中的官僚、知识分子扩展到商人、妇女、小贩、工匠等下层人民。因此，这类短篇话本反映的生活画面更为广阔，婚恋、公案、神怪，以及历史故事等几乎无所不包，尤其以反映青年男女追求爱情婚姻自由、反对封建礼教的一类作品最为精彩。小说中的故事或许是虚构的，但其中所描绘的生活场景和细节却一定是来自最真实的生活，所体现的也是广大下层平民百姓的思想感情和价值观念。

　　明代后期，开始出现一种文人模仿话本形式编写的白话短篇小说。这类模拟的作品，后来被称为拟话本。它们保留了和话本相似的形式，如首尾有诗，中间以诗词为点缀，多用俚俗的词句等，但拟话本已不再是给说话艺人说唱用的，而是专门提供给人们阅读欣赏的。宋元话本作为白话小说最初的形式，在艺术上还很粗陋，而由文人创作的拟话本已经是一种艺术上很成熟的白话小说了。拟话本中不少作品是对宋元话本的整理和加工，但经过文人的润色改造后，行文更富于诗意，更加注意修饰刻画和技巧的运用，使作品的品位与境界都有了很大的提高，从而也相应提高了白话短篇小说的地位。在题材内容上，拟话本十分重视故事的趣味性，保留了宋元话本表现市民生活与市民情趣的世俗特点。

　　宋元至明代初期，话本都是以单篇的形式流传的，大多数作品都没能保留下来，现在我们所见到的为数很少的话本多是后人搜集刊刻的。

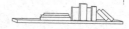

明代洪楩编刊的《清平山堂话本》就是一本辑录宋元话本的小说集。难能可贵的是,这本集子中的话本保持了比较原始的风貌,因而成为学者研究宋元话本不可多得的珍贵资料。在说到宋元话本的问题时,还有另一本小说集常常被人提及,那就是《京本通俗小说》。这本1915年才被人刊刻出来的话本集收录的话本数量不多但不乏精品,然而最大的问题是,它们到底是不是真正的宋元话本?现代的研究者比较普遍的看法是,这本书多半是后人的仿古伪作。明代后期文人创作拟话本的热情高涨,出现了一批拟话本的小说集,其中最著名的是冯梦龙编撰的《喻世明言》(初版名《古今小说》)、《警世通言》、《醒世恒言》,以及凌濛初编撰的《初刻拍案惊奇》、《二刻拍案惊奇》。其他的作品还有陆人龙的《型世言》,周清源的《西湖二集》、于霖的《清夜钟》以及佚名的《石点头》、《醉醒石》等,但这些作品的成就和知名度都没法和冯、凌二人的相比。冯梦龙、凌濛初的五本拟话本小说集,将中国古代白话短篇小说推向了一个高峰。清代拟话本小说的成就远不如前代,比较有影响的是李渔的《无声戏》、《十二楼》等,只是这些作品已逐渐偏离了话本最宝贵的世俗精神。话本这种白话短篇小说的形式也渐趋沉寂,让位给了白话长篇小说。

从文言到白话,中国古代小说实现的是一次质的飞跃。这不仅意味着小说语言表达形式的解放,也意味着无论是所反映的社会生活面,还是面对的受众群体,小说都走进了一片更宽广的天地。现在,让我们在几部具有代表性的话本小说集的带领下走进白话短篇小说精彩的天地吧。

和宋元市井百姓一起听故事——《清平山堂话本》

要介绍白话小说的诞生总是离不开"说话"这种民间讲唱伎艺。说话这种以讲故事为主的讲唱形式在唐代就已经出现了,但是它真正流行起来则得益于宋代都市经济的发展,如北宋东京、南宋临安这些大城市都有不少类似后世戏院的娱乐场所，称为勾栏、瓦舍，说话人便是这些地方最受欢迎的艺人，城里三教九流的人都爱跑到这里来听故事。说话艺人们为了吸引观众，不仅对很多传统题材进行改编，以迎合市民观众的思想、情趣、口味，而且他们还从现实生活中汲取题材，创作了很多引人入胜的故事。当时说话的故事题材除了讲史，还有"烟粉、灵怪、传奇、公案、朴刀、杆棒"等等，题材广泛，内容丰富，后世的言情小说、狐鬼小说、公案小说、武侠小说、历史演义小说，都已经被当时的说话人涉足过了。可惜的是，话本这种最早的白话小说，后世的读者却很难一睹真容。因为创作这些话本的不是有着较高社会地位的文人雅士，而是生活在社会底层的民间艺人，他们的创作成果在主流的文人眼里自然都是上不了台面的东西，当然也就不会有人专门收藏保留了。所以宋元话本大都没能保存下来，我们今天所能看到的话本只有几十篇，而这要感谢明代嘉靖年间(1522—1566)的一位藏书家洪楩。

出生于书香世家的洪楩在杭州城南的仁孝坊(俗称清平巷)建了一个著名的书坊"清平山堂"。他在此除了藏书，还专事校刊，而且大都是宋元古籍。他以"清平山堂"为名刊刻了多种图书，其中有一套以宋、元、明三代的话本为主的短篇小说集，共辑录了60篇小说，分为《雨窗》、《长灯》、《随航》、《欹枕》、《解闲》、《醒梦》6集，每集又分上、下卷，每卷各5篇，合称"六十家小说"。从这六个集名可以看出，编刻者原是把这些小说视作雨日灯下、旅途枕上，消闲解闷的休闲读物来出版的。不过他一定没想到，他的这套不起眼的休闲小说集却为后世保存了一份宝贵的文学遗产。可惜的是，"六十家小说"刊行不久也流散得残缺不全了。直到1929年，它的残篇才被近现代著名的藏书家、小说戏曲家马廉先后在日本和国内发现。因为刚发现这些残本时不知道此书的名目，只见到版心刊有"清平山堂"的字样，所以将之命名为《清平山堂话本》。

《清平山堂话本》共收录话本27篇，是由两个残本合并而成，其中一个是日本内阁文库收藏的残本3册，共15篇：《柳耆卿诗酒玩江楼记》、《简帖和尚》、《西湖三塔记》、《合同文字》、《风月瑞仙亭》、《兰桥

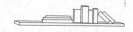

记》、《快嘴李翠莲记》、《洛阳三怪记》、《风月相思》、《张子房慕道记》、《阴骘积善》、《陈巡检梅岭失妻记》、《五戒禅师私红莲记》、《刎颈鸳鸯会》、《杨温拦路虎传》；另一个是宁波天一阁旧藏残本 3 册 12 篇：《花灯轿莲女成佛记》、《曹伯明错勘赃记》、《错认尸》、《董永遇仙记》、《戒指儿记》、《羊角哀死战荆轲》、《死生交范张鸡黍》等，另外还有《翡翠轩》、《梅杏争春》两篇，只有残页。

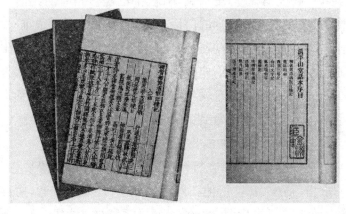

《清平堂话本》书影

《清平山堂话本》是目前所知最早的一部小说话本集。其中所搜辑的话本跨越宋、元、明三代，既有话本也有少数文言传奇。由于编刻者在刊刻过程中对原文的改动润色不多，基本保存了话本的原貌，能够看到"入话"、"散场诗"等话本作为说唱伎艺所具有的许多形式，以及宋元至明初小说家话本的各种不同体制和风格，因此它们成为现在研究话本最可靠的宝贵资料。

《清平山堂话本》中的话本，有小说家话本，也有说话人抄录的资料，作为提纲式的说话底本，如《蓝桥记》即是摘录自唐人裴铏的《传奇》。虽然留存下来的篇数不多，但宋元话本所涉及的题材都能在《清平山堂话本》中找到，这些故事都具有比较浓厚的市民气息，而且我们对其中的很多故事也不会陌生，因为它们中的许多故事都被后世改编成小说,戏曲甚至影视剧。明代的拟话本集"三言"、"二拍"等小说集中就有不少改编自这些话本故事,如《古今小说》中就有七篇来源于《清平山堂话本》,由此可见它对明代拟话本的巨大影响。在这些故事中,我们还可以看到《天仙配》、《白蛇传》的故事原型。几年前曾经热播的电视剧《快嘴李翠莲》便是由其中的《快嘴李翠莲记》改编而来的。

在《清平山堂话本》的二十多篇作品中,《快嘴李翠莲记》和《简帖和尚》是让读者印象最深刻的两个故事。《快嘴李翠莲记》描写了一个心直口快的女子李翠莲的遭遇。她嫁给张狼为妻,因为能说会道,又不肯逆来顺受,竟敢训斥丈夫、顶撞公婆,终于被休回了娘家。回到家后,李翠莲又为家中的父母兄嫂不容,最后被逼出家。从热爱自由,不受封建礼教束缚的李翠莲身上,让人看到了封建礼教对妇女的束缚和对人性的禁锢。这篇小说题材新颖,体裁特别,采用人物对话的方式,插入许多段快板式的唱词,酣畅活泼,表现了浓郁的民间气息,也可看出作者运用语言的较高能力。

《简帖和尚》是一篇公案传奇小说。写的是一个和尚见皇甫松的妻子杨氏貌美,于是见色起意,动起了坏心思。他命人送了一封匿名简帖给杨氏,令皇甫松怀疑妻子不忠并把她休了。杨氏走投无路,濒临绝境,终于被迫落入了和尚精心安排的圈套。最后真相大白,和尚受到惩处,杨氏和皇甫松再成夫妻。这个故事情节曲折,引人入胜,表现手法巧妙,生活气息浓厚,语言生动,是小说中公案话本的代表作。故事中女主角的遭遇也反映出封建社会中善良妇女任人摆布的惨状,以及官吏的无能与残酷。

当然,《清平山堂话本》中的话本也不可避免地有一些宣扬封建迷信、因果报应思想及庸俗的低级趣味的作品,如《西湖三塔记》、《定州三怪》、《花灯轿莲女成佛记》、《刎颈鸳鸯会》等。

话本的作者用市井小民的视角来看待这世间的凡人俗事,并记录下来编成故事,因而我们能够在他们的话本作品中感受到那个时代浓郁的市井生活情趣和生活观念。《清平山堂话本》中的作品保持了比较原始

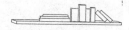

的宋元话本的特点,从文学艺术的高度来看,这些话本或许还不够成熟,表达的思想比较简单浅显,趣味品位也不算高,文字更显得简陋粗鄙,然而,这些早期的话本小说让我们感受到的是民间通俗文化的魅力,与精致高雅的诗文艺术相比别有一番意趣。

宋元社会的侧影——《京本通俗小说》

现存宋元话本的选集除了《清平山堂话本》之外,还有一本在文学史中常常被提及的话本集《京本通俗小说》。不过这部话本集的来历和内容让人充满了疑问。它最早出现在 1915 年,当时著名的藏书家缪荃孙在刊刻的《烟画东堂小品》中收入了七篇宋元话本小说,据称这七篇话本来自宋元小说家话本选集《京本通俗小说》。但是这部话本集至今不知原书是何人所编,也搞不清一共有多少卷,只知道现存的是其中第十至十六卷的七个短篇话本小说。缪荃孙在跋语中称,这本书是他发现的元人写本,而且除此七篇外,"尚有'定州三怪一回',破碎太甚;'金主亮荒淫'两卷,过于秽亵,未敢传摹"。如果由此判断,这部《京本通俗小说》应当可以算是目前流传下来的较早的话本小说集。由于宋元话本存世稀少,作为宋元人旧作的《京本通俗小说》能够真实地反映话本小说的原始形态,是不可多得的研究话本小说发展的珍贵资料。可是事情似乎没有这么简单。《京本通俗小说》的出现让许多文学史的研究者如获至宝,但经过一段时间的深入研究之后,研究者们的观点变得复杂起来。20 世纪 50 年代及其以前的研究者认为这些话本都是宋人的话本,但到了 60 年代,台湾和大陆都有学者对其真伪提出了疑问,指出《京本通俗小说》是根据冯梦龙的《警世通言》和《醒世恒言》编造的伪书,作者或许就是缪荃孙。这桩关于《京本通俗小说》的公案至今还没有定论,但是大多数学者都认为这部话本集不能作为研究判断宋代话本依据的实物。

不管《京本通俗小说》的身世之谜让研究文学史的学者们如何纠

结,对于普通读者来说,现存的这些话本小说却是值得一读的话本精品。这七篇话本均收入了冯梦龙的"三言",其中六篇见于《警世通言》:《碾玉观音》(即《崔待诏生死冤家》)、《菩萨蛮》(即《陈可常端阳仙化》)、《西山一窟鬼》(即《一窟鬼癞道人除怪》)、《志诚张主管》(即《小夫人金钱赠年少》)、《拗相公》(即《拗相公饮恨半山堂》)、《冯玉梅团圆》(即《范鳅儿双镜重圆》)。另有《错斩崔宁》一篇为《醒世恒言》中的《十五贯戏言成巧祸》。《碾玉观音》、《西山一窟鬼》、《错斩崔宁》三篇,冯梦龙曾说是宋人小说。

《京本通俗小说》的七篇话本中,《碾玉观音》、《错斩崔宁》两篇在思想、艺术成就上较为突出。《碾玉观音》讲述的是一对青年男女追求幸福的爱情生活的故事。女主人公璩秀秀是位裱褙匠的女儿,生得美貌出众,聪明伶俐,更练就了一手好刺绣。无奈家境窘迫,其父将她卖与咸安郡王。从此,正值豆蔻年华的秀秀身入侯门,失去自由。后来,郡王将秀秀许给碾玉匠崔宁。秀秀和崔宁品貌相当,心灵手巧,相互爱恋。为了追求自由的爱情,两人一起私奔,却屡次被郡王迫害,崔宁被发配,秀秀被杖责而死。秀秀的父母也因担惊受怕投河而亡。秀秀死后她的魂魄与崔宁又续前缘,最后,崔宁发现秀秀和她的父母均是鬼魂。秀秀父母入水而逃,秀秀则携崔宁一起在地府做了一对鬼夫妻。在这个看似迷信的鬼故事里,读者看到了一个为追求爱情与人身自由不畏强权的女性形象。小说中,璩秀秀的挣扎反抗以及她从脱逃到死后婚姻爱情多次被毁灭的不幸遭遇,揭露出封建统治下劳动人民被残酷迫害的命运,封建统治者奢侈无度、权力无边、残忍无道的本性也暴露无遗。这个故事折射出当时社会不同的阶层各自的思想意识形态,反映了广大下层平民百姓对统治者的态度和心理,以及要求做人的权利、追求幸福生活的强烈愿望。

《错斩崔宁》即《醒世恒言》中的《十五贯戏言成巧祸》。故事说的是宋朝高宗时,临安有个官人叫刘贵,由于时乖运蹇,读书不济,于是改行做起买卖。但因刘贵做买卖是半路出家,不懂技巧,把本钱都耗光了。

中国小说入门寻味

刘贵娶妻王氏,因没有子嗣,又娶了二房陈二姐。一日,刘贵携王氏去丈人家拜寿,留二姐看家。丈人见刘贵落魄,就拿出十五贯钱资助他开个柴米店。刘官人谢了又谢,同意妻子在娘家多盘桓几日,自己驮了钱回家。回家途中又饮了几杯小酒,醉醺醺到了家。见到二姐,刘贵借酒力跟二姐开玩笑,说是把二姐典给一个客人换了十五贯钱。二姐信以为真,便趁刘贵睡去后偷偷赶回娘家。二姐在途中遇到一个后生崔宁,二人正结伴同行,却被赶来的邻居捉拿送官,这才知道刘贵被杀,那十五贯钱也没了踪影。偏巧崔宁褡裢中也有十五贯钱,二人被控私通和杀人劫财。官府将二人屈打成招,判处极刑。后来刘贵的妻子王氏被贼人静山大王掳到山上,得知偷十五贯钱并杀死刘贵的是这个山大王。王氏告官后,将山大王处斩,陈、崔冤狱得以平反。这个批判昏庸的官吏草菅人命、率意断狱的故事,不涉鬼涉怪,有着很强的现实主义色彩。小说的情节曲折而巧妙,细节描写真实细致,人物性格生动鲜明,令人赞叹。明末剧作家朱素臣将这个故事改编成传奇戏《双熊梦》,亦名《十五贯》,成为昆曲的名剧,至今还常演不衰。

　　《京本通俗小说》中的其他各篇与《碾玉观音》、《错斩崔宁》相比虽有不及,但也有一些可观之处。如《西山一窟鬼》是一篇荒诞无稽的鬼故事,但里面的人物描写比较生动,也反映出一些社会生活的侧景。《拗相公》写王安石推行新法不得民心的故事,反映了宋代反对新法一派的思想倾向。《冯玉梅团圆》一篇通过农民起义的动乱背景,歌颂了一个封建官僚的女儿身陷义军之中,嫁与范希周,而在义军被征服后,仍能感恩誓不另嫁,终得团圆的故事。这篇小说虽然思想、艺术成就不高,但文中一段写北宋汴京失陷时两对夫妻失散的离乱故事却也写得真切动人。

　　《京本通俗小说》中的几个小故事不仅情节曲折生动,人物刻画,尤其是心理描写达到了一定的水平,生动、真实地反映了宋元时的社会生活及风俗人情。当然,从一个文史学家的角度来看,《京本通俗小说》的研究价值还很值得怀疑。但是,从一个普通读者的角度来看,《京本通俗小说》无疑是一本优秀的话本小说选集,它能为我们了解和欣赏话本小说的艺术魅力提供很好的帮助。

文字绘就的"清明上河图"——"三言二拍"

如果你是一个对古典文学有一些了解的人,你一定就会知道"三言二拍"是五本古代白话短篇小说集的简称。所谓"三言",指的是《喻世明言》、《警世通言》、《醒世恒言》三部小说集;"二拍"则是指《初刻拍案惊奇》和《二刻拍案惊奇》。"三言二拍"也是以话本的形式创作的小说,但它们和《清平山堂话本》中的作品不同的是,它们都是由文人模仿宋元话本的形式创作的,也就是拟话本小说。文人笔下的话本,远比宋元时代说话艺人的话本更加精致细腻,技法成熟,很多前人创作的默默无闻的小故事经过他们的妙笔加工变得精彩可读,广为流传。《杜十娘怒沉百宝箱》、《卖油郎独占花魁》的电影你看过吗?《十五贯戏言成巧祸》的连环画你翻过吗?这些人们熟悉的故事都出自"三言二拍"。

这五本书每本四十卷,所谓一卷,其实就是一篇小说,五本书一共就有两百个短篇。这五本书被并为一谈,是因为有人觉得两百篇实在太多了,就把五本书里的精彩故事挑选出来,编了一本"精选集",取名《古今奇观》,因此也就有了把这五本书合在一起的专有名词"三言二拍"。在以后的三百年中,《古今奇观》成了一部流传最广的白话短篇小说选本。

编撰创作了"三言二拍"这五本小说集的是晚明两个不得志的读书人,一个叫冯梦龙,一个叫凌濛初。这两人的身世经历还挺相似:他们都出身于名门世家,也都曾致力于科考举业,也都屡试不第。但是有失必有得,当他们放弃了入仕为官的那条路,转而笔耕著述之后,却通过小说文字找到了另一条实现自己人生价值的蹊径。冯梦龙是一位中国古代文学史上少有的通俗文学专家,他一生致力于写历史小说与言情小说,以及小说的研究和整理。除"三言"外,他还改编和创作过长篇小说《新列国志》、《三遂平妖传》、《古今烈女演义》等,著有笔记小品《智囊》、

中国小说入门寻味

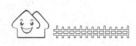

《古今谈概》、《情史》、《笑府》等,另外还写戏曲剧本、散文、诗集、曲谱等。凌濛初也同样是著述等身,除"二刻"外,他的作品还有杂剧、传奇、经学、史学以及文艺评论等等。他们二人为中国文化宝库留下了一批不朽的珍宝,而其中影响最大的就是"三言"和"二拍"。

"三言"的一百二十篇小说,一部分是改编作品。其中,有的改编自宋元的话本,有的是明代流传的话本,还有的是把文言小说直接改写成白话。另一部分则属于作者的原创,主要是根据前人的笔记小说、传奇、历史故事以及当时的社

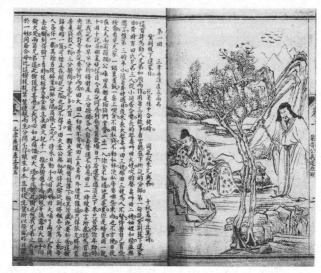

《警世通言》书影

会传闻进行的创作。冯梦龙的"三言"问世后大受欢迎,凌濛初在别人的怂恿下也打算自己写一部这样的集子,但是前代的话本素材都被冯梦龙"搜括殆尽"了,于是他只能另辟蹊径,在《太平广记》及《夷坚志》等古籍中寻找小说的素材,然后加以改编、再创作。他过人的功力在于,能把原书中那些了无意趣的简短记叙性文字,改写成几千字的文情并茂的小说,抒情写景皆能引人入胜,凌濛初的这种再创作已经不同于"三言"那种对前人故事的改写改编,而是赋予了旧材料全新的艺术生命,所以他的两部《拍案惊奇》被称为中国古代第一部文人独立创作的拟话本小说。

作为来源于市井的说唱艺术,以口语白话为语言表达工具的话本本身就充满了世俗生活气息,在冯梦龙、凌濛初两位文学家的精雕细琢之

快乐阅读书系

下,那些纵贯古今的悲喜故事更增添了成熟的艺术魅力。"三言二拍"里集合了众多中国古代的经典故事,如描写名妓杜十娘被官僚子弟李甲抛弃,转卖给官人孙富而自杀的《杜十娘怒沉百宝箱》,讲述从小被人骗卖至娼门的花魁王美儿与卖油郎秦重从相识到相爱的《卖油郎独占花魁》,以及从广为流传的白蛇故事改编而来的《白娘子永镇雷峰塔》等,这些故事直到今天仍不断被艺术家们改编成不同艺术形态的作品。"三言二拍"的两百多个短篇故事,涉及的题材十分广泛,从不同方面展示了作者身处时代的社会风貌和市民阶层的思想感情,犹如一幅描绘古代市井生活的长卷,是用文字刻画的"清明上河图"。这些故事中有动人的爱情,有商人的浮沉,有的歌颂友谊、斥责背信弃义的行为,还有的反映封建统治阶级的内斗和他们的贪婪凶残、荒淫好色等等。其中有不少描写市井百姓生活的作品,体现了市民思想充满活力的一面。如"三言"的首篇《蒋兴哥重会珍珠衫》,描写商人蒋兴哥外出经商,妻子王三巧儿在家独守空房,粮商陈大郎一次偶然见到王三巧儿就念念不忘,因此与牙婆设下计谋,勾搭上了王三巧。王三巧不堪寂寞,也趁机与陈大郎偷欢。陈大郎临别时王三巧把一件蒋家祖传的珍珠衫送给了他。蒋兴哥在经商返乡的途中见到了穿着珍珠衫的陈大郎因而得知奸情。对此蒋兴哥首先责怪自己是"商人重利轻别离",回家后他把妻子骗回娘家,和平地休了她。当王三巧再嫁吴家时,蒋兴哥还送上了十六箱陪嫁。后来,蒋兴哥惹上官司,断案的正是王三巧的后夫吴县令,蒋、王二人得以重会,百感交集。吴县令被二人之情所感动,于是让他们夫妻破镜重圆。在这个爱情悲喜剧中,作者将男女间的真挚情爱置于传统的贞操观念之上的思想就从一个侧面反映出了明代中后期新兴市民阶层思想意识的改变。

　　"三言"的书名一看就让人觉得它们充满了浓厚的道德训诫色彩。确实,在"三言"和"二拍"里,两位作者不遗余力写了不少劝勉世人的"主旋律"故事,但这并不代表他们就是刻板的道学先生。在"主旋律"的旗帜下,我们却能从许多故事中读出对传统陈腐礼教道德观念的叛

中国小说入门寻味

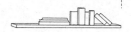

逆。"三言"中成就最高的是婚恋题材,在这些故事里,冯梦龙常常把"情"和"欲"置于"理"或"礼"之上。强调人的感情和人的价值应该得到尊重,肯定地告诉世人,道德规则只有建立在满足人们的正常情感需要的基础上才是合理的,《蒋兴哥重会珍珠衫》便是极有代表性的一篇。而凌濛初更不客气,在他笔下古人、圣人都被刻画成了另一种面目。比如在《庄子休鼓盆成大道》中,庄子被描绘成了一个冷酷自私的恶人。他精心设计了一个阴谋,用来检验自己的妻子是否忠贞,夫妻之情最终变成了尴尬与仇恨。在《王安石三难苏学士》中,王安石被刻画成了一个心胸狭隘的官僚,他为了自己的一点点自尊心,竟然让苏东坡虚度了一年的光阴,君子之间的矛盾最终变成了公报私仇。在《硬断案朱熹争闲气》一篇中,凌濛初则把朱熹刻画成了徇私报复、栽赃迫害的狭促小人。两位作家对旧道德观的这种张扬的叛逆,正是明末那个时代昙花一现的思想之光。明朝中后期,资本主义商业经济开始在中国的土地上萌芽,市民社会意识开始觉醒,出现了李贽、汤显祖、袁宏道等一大批离经叛道的思想家、艺术家,他们惊世骇俗的见解,鲜明的个性特色,卓绝的艺术成就,为中国思想史、文学史写下了璀璨的篇章,也深深影响了同时代的冯梦龙和凌濛初以及他们的文学创作。只是这耀眼的思想之光随着清王朝统治者的登场而被迅速扼杀,而这种光芒反而显得更加闪亮和珍贵。当然,和古代的很多文学遗产一样,"三言二拍"既有精华也有糟粕,一些篇章中,充斥着色情描写、因果报应和封建说教。

"三言二拍"这两套话本集在中国的遭遇也很奇特,直到上世纪20年代初在国内还不能看到《喻世明言》和《警世通言》。至于"二拍",因为在清朝被视为"淫词小说"而屡遭禁毁,到清中叶已经不大流传了,人们所能看到的只有精选本的《古今奇观》,直到上世纪50年代以后,才陆续在国内和日本发现了这五本小说集完整的版本。

作为中国古典小说最重要的小说集,"三言二拍"的国际知名度也遍及东西方。明末清初时"三言二拍"就流传到日本,对日本的通俗文学产生了很大的影响。18世纪,法国耶稣会的传教士把"三言"中的故事翻译到欧洲,而收录了四十篇"三言二拍"精华的《古今奇观》则是第一部被介绍到欧洲的中国小说集。

从西湖传说走近晚明社会——《西湖二集》

"上有天堂下有苏杭",这句话赞的就是苏杭两地的美景。若说苏州的神韵离不开小桥流水,那杭州的美须得西湖来点睛。这片碧波粼粼的灵秀之水,自古就是文人墨客流连忘返之地,湖中的每一处胜景都能寻得出一段故事来。如果你对西湖、对杭州这座古城里曾经发生或者流传的故事感兴趣,那么建议你不妨去读一本拟话本小说集《西湖二集》。这本书的名气与成就虽然都比不上"三言二拍",但在明代的拟话本小说集中也自成一格,尤其是书里的故事都和美丽的西子湖有关,也是这部书又一个别具特色之处。

《西湖二集》的作者是明末一位不太知名的作家周清原。从书名可以看出它应该是一部续书,之前该有一部《西湖一集》,可惜该书已经失传。据考证,《西湖二集》刊行的年代大概是在明朝崇祯年间。书的编著者周楫,字清原,别署济川子。关于他的生平现在唯一可知的来源便是《西湖二集》前湖海士所作的序。湖海士在序中说,周清原是一个"旷世逸才,胸怀慷慨,朗朗如百间屋",又说他是"闲气所钟,才情浩汗,博物洽闻,举世无两"。但是这位"举世无两"的才子却"怀才不遇,蹭蹬厄穷,而至愿为优伶,手琵琶以求知于世,且愿生生世世为一目不识丁之人"。湖海士在叙里,引用了周清原自己的一段话:"余贫不能供客,客至恐所柱铵荐之不免,用是匿影寒庐,不敢与长者交游。败壁颓垣,星月穿漏,雪霰纷飞,几案为湿。盖原宪之桑枢,范丹之尘釜,交集于一身。余亦甘之。而所最不甘者,则司命之厄我过甚,而狐鼠之侮我无端,余是以望苍天而兴叹,抚龙泉而狂叫者也。"有关周清原的经历,现在所能知道的只有这些许的线索,但从中可以想见,他的际遇亦如当时许多落魄的文人一样充满了悲剧性。这位怀才不遇的作家困顿一生,最终流传下

来的只有这一部《西湖二集》。

《西湖二集》共三十四卷,每卷写一个故事,这些故事多是据田汝成的散文集《西湖游览志》及《西湖游览志余》等书编成,叙述与西湖有关的传说故事。从序中的介绍来看,这位周清原是个谈古道今的高手,他"至抵掌而谈古今也,波涛汹涌,雷震霆发,大似项羽破章邯,又如曹植之谈,而我则会愧邯郸生也",可见这位书生口若悬河,其绘声绘色的本领和那些职业的说书艺人相比也毫不逊色。天生我材必有用,他的满腹经纶或许找不到伯乐赏识,但他长于说故事的才能终究在小说创作中找到了用武之地。

书中的三十四篇小说都是和西湖有关的传说故事,但作者周清原并没有单纯地把这些故事当作闲谈解闷的消遣,而是将自己的孤愤和理想借故事予以抒发。因此,书中最突出的特色便是反映了明末社会的世态人情,并对当时的政治腐败、官吏贪污作恶、民不聊生的社会实景予以讽刺和暴露。书中不乏一些写得较好的作品,如《巧妓佐夫成名》描写了一个机智的妓女帮助一个穷酸书生利用社会弊端诓财窃势的故事。故事中妓女也能识破那些高官的真相,他们其实不过是些"七上八下"、"文理中平",甚至"一窍不通"之徒,其讽刺颇为辛辣。《胡少保平倭战功》,揭示出"纱帽财主的世界"里,"糊涂贪赃的官府多,清廉爱百姓的官府少"。《祖统制显灵救驾》中痛斥那些"诈害地方邻里,夺人田产,倚势欺人"的"黄榜进士"们连"猪狗也不值"。《愚郡守玉殿生春》中嘲笑了尸居高位者原是目不识丁的愚盲。《月下老错配本属前缘》写宋代女诗人朱淑真嫁了个丑愚的丈夫,忧郁而死,反映了封建时代"才女"的不幸。书中还有不少对西湖景致、杭州风俗的细致描述,充满了生活气息。

作者生活的那个时代,明王朝的统治已濒临崩溃的边缘,自万历以后,崩溃的危机一天天加深,到崇祯时已穷途末路。身处这样的时代,加上自己的人生经历,作者周清原难免对现实充满了愤懑的情绪。当这种情绪被引入小说创作而又未被节制的话,就会给作品的整体艺术性带来破坏。如果你读过这部小说,一定会对作者"话多"的缺点印象深刻。

作者在讲故事的时候经常会冒出大段的议论,或发泄愤怒,或谆谆教诲,特别是爱把洪武皇帝拉扯进来,写上一大段令人头痛的文章。对于《西湖二集》的这个缺点,鲁迅在《中国小说史略》谓其"好颂帝德,垂教训,又多愤言"。作为话本小说特有的"入话"部分,一般情况下多只有一则,有的甚至不用。但这部书中的"入话"往往会用上三个或四个,不能不让读者摇头。此外,书中宣扬忠孝节义、因果报应的笔墨不少,这也是古代小说常见的缺点。

从拟话本小说的艺术成就上来评价,《西湖二集》无法与"三言"、"二拍"比肩,但它的长处在于故事类型丰富多样,富有生活气息,文笔流利酣畅,讽刺辛辣得体。在明末众多的白话小说集中,《西湖二集》有自己的独特个性,而且也是今天的我们了解西湖、了解杭州的一个不错的读本。

第四章

章回小说：社会历史的多彩长卷

　　如今，中国的电影院变得越来越热闹，种类丰富的电影大片正成为这个时代老百姓文化娱乐生活越来越不可缺少的一部分，而且越来越多耗资巨大、制作精良的国产大片也在不断改变着人们对国产电影的成见。不知你有没有注意到，在这些国产大片中，历史题材一直是导演们的最爱，《赤壁》、《夜宴》、《赵氏孤儿》、《江山美人》、《王的盛宴》……不管观众对这些故事已经多么熟悉，他们还是会兴冲冲地走进影院，为中国的电影票房勇攀新高贡献钞票。不仅是电影，历史题材的电视剧也是荧屏上的常客，在各种影视潮流大浪淘沙的更迭往复中始终屹立不倒。由不得你不承认，中国人对历史的兴趣从来没有因为时代的变迁而改变过，从古至今，茶余饭后谈天说地聊历史一直是中国人闲暇生活的一部分。古代没有电影电视，甚至很多老百姓也不认得几个字，但这并不妨碍他们欣赏精彩的历史故事。他们的方式跟现代人去影院差不多，那就是到勾栏、瓦舍这类大众娱乐场所去，只不过他们不是去看而是去听说话艺人讲唱这些历史故事。说话的门类里，"讲史"就是专门讲唱历史兴亡和战争故事的一类。历史故事一般都比较长，不能像"小说"那样一次就能讲完，所以，讲史艺人每次只讲一段，留个悬念吊足听众的胃口。想知道结果的听众难免心心念念，就像被勾起了馋虫，等到下次开讲非得再来解馋不可，完全就跟今天痴迷韩剧、美剧的粉丝追看电视连续剧一样铁杆。宋元时期讲史的艺人不仅满足了当时市井百姓听故事的需求，而且他们这种连续剧一般的说书方式还在无意中推动了中国古典小说从短篇到长篇的发展，这种推动的结果便是"章回体"的产生。所谓章回体就是把小说分成若干个章节，每一章称为"回"。每一回都用工整的偶句或单句来作题目，用以概括本章的内容，称为"回目"。章回体这种形式就是从讲史艺人所用的底稿"讲史话本"演变来的。说话人每讲一次，就等于后来章回体小说中的一回。为了让听众了解每一次所讲的主要内容，说话人在每次讲说之前，都要用题目向听众揭示本次所讲的主要内容，这就是章回体小说回目的起源。章回体小说和"话本"的这种渊源，也就是我们在古代的章回小说里总是经常见到"话说……"和"看官"等字样的原因。明清至近代，章回体是中国的中长篇小说普遍采用的形式，尤其是长篇小说，无一不是用章回体写就的，直至现当代仍有一些通俗小说还在沿用这种形式。

宋元长篇讲史话本已经为章回小说塑造了雏形，经过宋元两代的长期孕育，元末明初正式出现了《三国演义》、《水浒传》等一批章回小说，从此中国古典小说迎来了长篇时代。明清两代是小说步入繁荣辉煌的时期，其最耀眼的成就便是众多优秀长篇小说的诞生，诸如《三国演义》、《水浒传》、《西游记》、《红楼梦》、《儒林外史》等代表着中国古典小说最高成就的作品都是这一时期的章回长篇。早期的长篇章回小说都是民间智慧的结晶，它们的故事题材都长期流传于民间，后来又经过说话和讲史艺人补充内容，最后再由作家加工改写而成。直到《金瓶梅》的问世，文人独立创作长篇小说才逐渐成为潮流。小说的创作领域也进一步拓展，不仅有历史演义、英雄传奇、神怪、公案等传统题材，还出现了世情（也称人情）小说、才子佳人小说、讽刺小说、神魔小说、武侠小说等新的类型。

长篇小说更长的篇幅体制，在情节、人物以及小说表现的个性化思想等各方面，都让作者有了更大的施展空间，小说反映的社会生活也更丰富多彩，小说作者所表现出的对社会、人生的认识和批判也更为深刻。

中国小说入门寻味

小说中的人物上至封建统治阶级,下到社会底层的劳动群众,小说所表现的内容从恢弘大气的历史兴亡到日常生活的细致铺展,从神魔世界的光怪陆离到现实官场的黑暗腐朽,从英雄豪杰的侠义传奇到书生小姐的诗书传情……人间的世相百态、多姿多彩都在小说中被淋漓尽致地描摹刻画。许多优秀长篇小说的思想内涵也达到了文言和白话小说的新高度。《红楼梦》用隐晦的笔端几乎批判了整个封建社会的上层建筑和统治阶级,预见了封建社会必然没落和崩溃的趋势;《儒林外史》以封建时代的知识分子为对象,通过描绘他们的生活遭遇和精神境界,入木三分地揭露了科举制度的弊端和罪恶;《水浒传》及其系列小说,通过对农民起义的描述,反映和歌颂了受压迫、受剥削的人民群众的反抗和斗争;《官场现形记》等清末谴责小说,通过对封建官吏形象的刻画,淋漓尽致地抨击了官场的腐败和黑暗;而《镜花缘》表现出的对男女平等、妇女解放的理想和追求,在那个时代显得既前卫又惊艳。这些小说的作者已经不再是把小说创作当作消遣解闷的游戏之笔,而是以严肃的创作态度着眼于社会人生,在艺术地再现封建社会生活百态的同时,融入了自己对现实的冷静思考、批判和反抗。

元末至清末的500多年间产生的长篇小说有300余部,除了上面提到的那些成就卓著的作品之外,还有诸如《英烈传》、《杨家府演义》、《三宝太监西洋记通俗演义》、《平山冷燕》、《狄公案》等众多小说作品,它们的文学艺术成就虽然稍逊一筹,但仍拥有广泛的读者和影响力,这些章回长篇小说和短篇小说一起,以前所未有的广度和深度反映了当时社会生活的各个方面,成为普通百姓认识社会和进行文娱生活的主要文学样式。中国古代小说的艺术价值、社会价值和历史价值也因为这些作品而闪耀出更加灿烂的光芒。

从文言的笔记小说、传奇小说,到白话的话本小说,从文言白话的短篇小说到以白话为主的长篇章回小说,中国古典小说以独特的个性走过了漫长的发展历程,以一连串的不朽作品打破了正统诗文的垄断,在文学史上,取得了与唐诗、宋词、元曲并列的地位。作为中国古典小说最成熟的形式,长篇章回小说向读者展现了一个怎样精彩多姿的世界？我们这就来看看吧。

一部"篡改"了历史的小说——《三国演义》

　　滚滚长江东逝水,浪花淘尽英雄。是非成败转头空,青山依旧在,几度夕阳红。　　白发渔樵江渚上,惯看秋月春风。一壶浊酒喜相逢,古今多少事,都付笑谈中。

　　十几年前,这首《临江仙》词被当代作曲家谱上新曲作为电视剧《三国演义》的主题歌而传唱大江南北。其实,这首词原本不是说的三国而是秦汉,它是明代的杨慎写在自己晚年所著的历史通俗说唱《廿一史弹词》中第三段的开场词,清初毛宗岗将它移置到了《三国演义》的卷首,从此,这首词伴随着小说中波澜壮阔的三国风云传诵千古。不管说的是秦汉还是三国,这首词确是把时代风云变幻抵不过岁月长河流逝的历史沧桑感抒发得淋漓尽致。中国人历来很喜欢谈说历史,东汉末年魏、蜀、吴三分天下的历史故事至少从唐代就开始在民间广为流传,成为老百姓津津乐道的故事。到了宋元时代,民间说书的兴盛使三国故事成为说书艺人竞相发挥的题材。到了金、元时期,三国题材还被搬上了戏曲舞台,据说当时的三国剧目已达30多种。元代时还出现了一本说书人的讲史话本《三国志平话》,内容多半都是发挥想象的民间传说,和真实的历史相去甚远,但老百姓却非常喜欢。到了元末明初之际,这些民间传说、戏曲以及话本里充满想象力的人物、情节,与陈寿的《三国志》、裴松之注的正史资料等被罗贯中虚虚实实地糅合在一起,以他个人对社会人生的体悟,创作出了一部集三国故事之大成的《三国演义》。

　　《三国演义》的作者罗贯中生活在元末明初,是一位专门给唱戏的伶人和说书人写戏曲剧本和平话的作家。这种职业在古代社会没有什么地位,史书自然是不可能为他写经作传的,他的生平我们只能从一些

零星材料中的寥寥数语里窥知一二。根据一本名为《录鬼簿续编》的小册子里的简短记载，罗贯中的大名叫罗本，贯中是他的字，号湖海散人，山西太原人，曾在杭州生活过。他生平的记载就这么少得可怜，但他的作品却不少，除了写过很多杂剧剧本之外，还写过或参与写过两部非同凡响的长篇小说。中国古典小说"四大名著"中，除了《三国演义》，罗贯中还是《水浒传》的作者之一。

罗贯中雕像

《三国演义》在中国可以说是无人不知。如果按成书时间排序的话，《三国演义》是"四大名著"中的老大哥。它不仅是四本名著中成书最早的一本，而且是中国的第一部长篇小说，代表着中国古代历史小说的最高成就。同时，它还为后来的中国古代长篇小说确立了一个统一的"包装"形式——章回体。从《三国演义》开始，章回体就成了后来中国古典长篇小说的传统形式，甚至到了今天，一些小说家在创作古代题材的小说时仍然模仿这种形式。

《三国演义》的全名是《三国志通俗演义》，现存最早的刊本是明朝嘉靖年间刊刻的，俗称"嘉靖本"，共 24 卷，每卷 10 则，共 240 则。清朝康熙年间，毛纶、毛宗岗父子对这本书进行了较大的加工整理，增删了文字、增加了评点。经过他们加工后的本子，简称为《三国演义》的 120 回本，就是现在我们所看到的通行版本。

《三国演义》描写的是从东汉末年的黄巾起义到西晋统一为止的近一百年间魏、蜀、吴三国的军事斗争和政治斗争。内容大概分为黄巾之乱、董卓之乱、群雄逐鹿、三国鼎立、三国归晋五大部分。小说最精彩之处，一是战争，二是人物。《三国演义》是一部以描写战争为主要内容的历史小说，全书描写的大小战争共有四十多次，写战争的手法也多种多样，绝不给人千篇一律的感觉。其中，官渡之战、赤壁之战、彝陵之战等战争的描写被认为最是波澜起伏、跌宕跳跃，使人读来惊心动魄。史书上对这些战争的记载都很简略，但是小说作者却用生动的笔触虚构出战争的细节，给读者身临其境之感。书中还在一场场战争和政治斗争中，塑造了一大批形象鲜明的历史人物。有人统计，全书中有名有姓的人物共有1190余人。曹操、刘备、孙权、诸葛亮、周瑜、关羽、张飞、赵子龙等更是书中的经典形象。《三国演义》中有三个主要人物被称为"三绝"："奸绝"——曹操，"智绝"——诸葛亮，"义绝"——关羽。后世的文学评论家认为，《三国》中塑造的人物固然性格鲜明，形象生动，但是过于类型化，缺少人物性格的发展变化，这是很大的缺点。可是，这个缺点一点儿也不妨碍三国人物发挥他们巨大的影响力。几百年来，他们鲜明的形象特点已经深深植入了中国人的观念里，而他们真实的历史面目反倒被人们忽略了。

都说《三国演义》是"七分事实，三分虚构"，书里丰富的历史内容、人名、地名、主要事件与《三国志》的记载基本相同，书中的人物性格也是在《三国志》留下的固定形象基础上进行的夸张、美化、丑化等等。这便是"七分事实"的基础。但小说毕竟不是史书，其中"三分虚构"的地方，既体现在情节中，也表现在人物形象上，比如，诸葛亮。历史上的诸葛亮确实有治国治军的才能，他济世爱民、谦虚谨慎的品格为后世各种杰出的历史人物树立了榜样，被后世的帝王将相和民间百姓所称赞和歌颂。在《三国演义》里，不但突出了诸葛亮一生性格、品德、功业等积极的一面，而且还把他无限夸大，把他描写成智慧的化身、忠贞的代表，把他神化成了能掐会算的神人。所以，鲁迅曾经评论说："状诸葛亮之智而近于妖。"因此，《三国演义》中的诸葛亮、曹操、关羽等形象并不等同于真实的历史人物，他们只是历史小说中带有一定虚构性质的人物。

《三国演义》在中国民间的流传范围、影响程度是其他古代历史小说无法相比的。这也造成了一个问题，就是《三国演义》误导了很多读者的历史观，他们把小说里的人物故事都当成了真实的历史，从而对东

中国小说入门寻味

汉末年至三国那段历史时期的概况、事件、人物缺乏正确的常识。能让自己写的小说"篡改"历史，从这一点上说，罗贯中已然达到了一个历史小说作家的至高境界，也充分证明了《三国演义》的巨大成就。当然，我们在阅读这部小说的时候还是别忘了提醒自己——这只是本小说，不是史书。

小人物的英雄梦——《水浒传》

在"四大名著"中，《水浒传》和《三国演义》差不多在同一时代问世，而且它们也常常被人相提并论，因为中国有句俗话："少不读《水浒》，老不读《三国》。"这句话相当于是说《三国》是"老人不宜"，而《水浒》则是"少儿不宜"。《三国》之所以不适合老人，有一种理解，认为《三国》里充满了权谋之术，深谙世故的老人读了，洞悉其中的阴谋诡计、尔虞我诈，难免会愈加老谋深算、沟壑满胸。而《水浒》不能给少年人看，恐怕就是担心小说里梁山好汉打家劫舍、起义造反的故事容易鼓动那些年轻气盛、血气方刚的青年人做出些惹是生非、犯上作乱的事情来。在古人眼里，《水浒传》俨然是一本反面教材。它对读者的"教唆"作用就让很多"正统"人士很不满，认为它会教坏老百姓，让强盗都去学宋江造反，如果不禁毁《水浒传》，对于世风

上海古籍出版社出版的
《水浒传》

的影响将会不堪设想。这种观点深得封建统治者的欢心，于是《水浒传》在明清两代都不可避免地被朝廷打上了禁毁的封印。

《水浒传》里宋江起义的事件并非虚构，历史上确有其事。不过史书上的记载都非常简略，只提及北宋末年，以宋江为首的三十六个首领组织了一支武装起义队伍。他们一度活跃在今天的山东一带，所到之

处,连当地官兵也畏惧三分。后来,这支起义队伍在海州遭到张叔夜的伏击而投降。史书里对宋江起义仅仅是一笔带过,但宋江等人的事迹却在民间被浓墨重彩地广为传播,从口耳相传的民间传说开始,继而进入说书人的话本,又再登上戏曲舞台。宋末元初的时候已经出现了根据街谈巷语采写的《宋江三十六人赞》,记载了宋江等三十六个首领的姓名和绰号。元代时,宋江等人的故事已经成为说书人的说话名目,有"石头孙立"、"青面兽"、"花和尚"、"武行者"等等,这些都是分别独立的水浒故事。在话本集《宣和遗事》中《水浒传》的雏形已经出现,里面涉及水浒的故事已不再是各自独立的。从杨志等人押解花石纲、杨志卖刀,依次叙述晁盖等智劫生辰纲、宋江私放晁盖、宋江杀阎婆惜、宋江平方腊封节度使等,故事情节连贯而来,已经比较系统。元杂剧中水浒戏的剧目也非常多,仅是保存到今天的剧目就有三十三种。水浒故事就这样通过说话、戏剧等形式在民间不断流传、演绎、发展。到元末明初的时候,《水浒传》的作者就是在这些分别独立又有内在联系的故事基础上,创作出了这部杰出的小说。

把众多水浒故事汇集在一起写成一部完整小说的人是谁? 对于这个问题,历代的"专家学者"各执一词,留给我们一个没有标准答案的多选题。根据明代留下来的资料记载,《水浒传》的作者就有三种说法:一种说是施耐庵,另一种说是罗贯中,还有一种说是施耐庵和罗贯中合作写的。这施耐庵是谁又是一个谜。从前人资料中能找到的关于施耐庵的确切信息不外乎这么几个字:"钱塘施耐庵。"钱塘就是今天的杭州。除了曾经住在杭州这一点比较确定外,古人对施耐庵的生卒、籍贯、职业、经历等等个人信息的描述就有点五花八门,甚至有人认为施耐庵根本就是一个杜撰出来的人名。关于施耐庵的常见说法有这么一些:一说施耐庵,本名彦端,号子安,别号耐庵,泰州兴化人,祖籍苏州,游历客居钱塘。他是个博古通今、才气横溢的大才子,经史子集,辞章诗歌,天文、地理、医卜、星象等等,无不精通。他三十五岁曾中进士,后弃官归里,闭门著述,与拜他为师的罗贯中一起研究《三国演义》、《三遂平妖传》的创

作,搜集整理关于梁山泊宋江等英雄人物的故事,最终写成"四大名著"之一的《水浒传》。第二种说法认为,施耐庵和元曲作家施惠是同一个人。第三种说法认为,"施耐庵"是罗贯中的笔名,因为"施耐庵罗贯中"可以化成"俺乃是罗贯中"。不过这种说法比较牵强可疑。第四种说法认为,施耐庵是《水浒传》最早刊刻人之一郭勋的笔名。其他的说法就有些离谱了,甚至有人认为施耐庵是元顺帝的笔名。

施耐庵和罗贯中的关系也模糊不清。明代胡应麟在《少室山房笔丛》里说罗贯中是施耐庵的门人,但后人考证下来,认为这不过是因为当时见到的刻本是施耐庵的名字列在前面而产生的推测,不足为信。现代学者根据历代资料的研究,大致判断出,《水浒传》应当是先由罗贯中将说话、戏剧中的水浒故事综合、加工而成。后来又有人对罗氏版本进行再加工,其中施耐庵的本子最好,便被署名流传开来。

《水浒传》的全称是《忠义水浒传》,又简称《水浒》。和大多数古典名著一样,《水浒传》也有不同版本,大体上可分为繁本和简本两大系统:繁本有100回和120回两种,描写比较细腻,在大聚义以后又有征辽、平方腊等情节;简本的文字比较粗略,但情节却比繁本多出平田虎、王庆的内容。此外,还有一个70回本,是清初著名的小说评论家金圣叹以繁本为对象进行删节、润色而成,他将原100回的第一回作为楔子,正文70回,所以这个70回的本子也可以称为71回本。这个本子只到大聚义为止,然后让卢俊义做了一个108将全部被俘的噩梦。金圣叹本在客观上保留了《水浒传》的精华部分,经他润饰过的文字可读性更强,流传甚广。

以内容最全的120回本来看,《水浒传》的全部内容可以分为以下几个部分:一是鲁智深、林冲、武松等好汉上梁山前的个人经历;二是宋江在发配途中与各路好汉的奇遇以及最终上梁山的经历;三是宋江带领梁山好汉进行的几场战役;四是原首领晁盖去世后,宋江确立梁山首领地位以及大聚义的故事;五是大聚义后与官军的战斗以及接受招安;六是征服企图进犯的辽国;七是打败割据势力田虎、王庆;八是梁山英雄与割据江南的方腊作战并死伤大半,最后宋江、卢俊义、李逵等也被奸臣害死。一场轰轰烈烈的农民起义就这样在悲剧中结束。

水浒故事在古代民间的盛行说明了市井百姓对故事里那些英雄好汉的喜爱。《水浒》所表现出的"官逼民反"主题,揭露出北宋末年的社会黑暗,这种黑暗是封建社会没法根治的顽疾,老百姓深受其害。但在强大的恶势力面前,弱势的平民百姓只能选择忍受欺凌,苟且偷生。梁山泊英雄聚义,揭竿而起,"替天行道",劫富济贫的豪举正好与被欺压的小人物内心渴求反抗的愿望激荡共鸣,他们从这些英雄的快意恩仇里获得了实现梦想的满足。因此,小说中的英雄气质深深地吸引了几个世纪的读者。书中除了"宋江"这个人名和反政府武装活动这个大框架以外,与历史上的宋江起义并没有多少联系。书中的人物都是在市井民间创造的基础上虚构出来的。他们或勇武过人,或足智多谋,或身具异能,而且胸襟豁达、光明磊落、敢作敢为,正是人们心目中理想化的英雄形象。这些英雄人物的塑造也正是《水浒传》最突出的艺术成就。

《水浒传》中人物众多。他们身份不同,经历各异,在作者笔下都表现出各不相同的个性:武松的勇武豪爽,鲁智深的疾恶如仇、暴烈如火,李逵的纯任天真、憨直鲁莽,林冲的刚烈正直,无不栩栩如生,使人过目难忘。就连小说里着墨不多的反面人物也都写得相当精彩。《水浒》的故事情节也与人物塑造是紧紧结合在一起的,通过激烈的矛盾冲突,在惊险紧张的场面、跌宕起伏的变化中以人物的行动生动地刻画出他们的性格。这种非凡故事与非凡人物的结合,使得整部小说充满了紧张感,引人入胜。但遗憾的是71回以后的情节变得松垮散漫,人物性格的走向偏离了原有的道路,失去了原有的光彩,也使整部小说的价值打了折扣。这也是金圣叹把70回以后砍掉的原因。

《水浒传》与《三国演义》是差不多同时代的作品,但二者所用的语言风格却迥然不同。《三国》使用的是浅近的文言文,而《水浒传》则是我国第一部真正运用白话创作的长篇小说。中国古代的文学作品以使用文言文为主。到唐代时,开始出现使用白话的话本和变文。我们都知

道话本是"说话"艺人使用的底本,而变文则是一种寺院的僧侣宣讲经文时使用的文本。那个时候的话本、变文都是文白相杂,显得粗糙简朴。宋元时期话本小说开始流行,虽然使用了白话,但大多成就不高,影响不大。直到《水浒传》横空出世,它的作者在使用白话写作上达到了超越前人的高度。他运用纯熟流利的白话文来刻画人物,描述各种场景,既通俗,又生动,极富表现力。书中人物的语言个性鲜明,让读者闻其声如见其人,如阎婆惜语言的刁钻泼辣,王婆语言的老练圆滑,都予人深刻的印象。

《水浒传》在中国小说史上举足轻重的地位,既在于它的思想、艺术成就,也在于它的历史开创性。自《水浒传》以来,白话文体在小说创作上确立了绝对优势,这对中国后来的小说,甚至文学创作都产生了深远的影响。而水浒英雄们的传奇故事也催生了中国通俗小说的一个重要类型——英雄传奇。

春秋战国的通俗读本——《东周列国志》

中国人说话写文章喜欢用成语。相信作为过来人,我们都有过这样的经验:上小学刚开始学写作文的时候,要是能在文章里用上几个贴切的成语,一定能让老师刮目相看,拿到高分。成语,这种形式固定的词组或短句,言简意深,而且它们大都来历不凡,是从古代相承沿用下来的,一般都有一个故事或者典故,有的是古代寓言,有的截取自古书的文句,有的来自民间口头俚语,还有相当一部分则来自历史故事。如果你对历史故事中的成语典故感兴趣,那就一定要看看《东周列国志》,这部由"三言"的作者冯梦龙编著的历史演义小说,以不同于《三国演义》的风格,向读者展示了春秋战国时期的历史。在这部长达八十万字的小说中,包括了先秦时期的重要史实和典故,什么"管鲍之交"、"弦高犒师"、"退避三舍"、"食指大动",以及"大义灭亲"、"奇货可居"、"欲加之罪,何患无辞"等等,这些我们常常使用的成语典故都可以在这部小说里找到来龙去脉。

东周列国的故事在民间流传已久，元代时就有了一些话本，到了明代嘉靖、隆庆时期，余邵鱼撰辑了一部《列国志传》，以烽火戏诸侯开篇，不分回而分节，每节随事立题。明末时冯梦龙对《列国志传》疏忽或遗漏的地方，都根据史书作了订正，并进行了加工润色，改编成一百零八回的《新列国志》。清代乾隆年间，蔡元放对此书又作了修改，并加了序、读法、详细的评语和简要的注释，定名为《东周列国志》。

中国历史上的东周（前770—前256）指的是周朝的后半段。周王室国都在镐京时期为前半段，史称西周，自周平王东迁洛邑直至被秦所灭，史称东周。东周共经历了25位国君，历时514年。东周前半期，诸侯争相称霸，持续了二百多年，称为"春秋时代"；在其后半期，剩下的诸侯大国继续互相征战，称为"战国时代"。《东周列国志》写的就是西周末年（前789年）至秦统一六国（前221年）这五百多年间的历史故事。这本小说可以说是古今中外时间跨越最长、人物最多的一部小说了。西周时期，周天子还保持着天下共主的威权，平王东迁以后，周室衰微，天下共主只是一个虚衔，控制天下的能力早已丧失。同时，一些被称为蛮夷戎狄的民族在中原文化的影响或民族融合的基础上很快赶了上来。中原各国也因社会经济条件不同，大国之间出现了争夺霸主的局面，各国的兼并与争霸促成了各个地区的统一。因此，春秋、战国时期是中国历史上最著名的社会大动荡时期，而诸国的争斗也为后来的大统一准备了必要的条件。《东周列国志》所叙述的历史故事，正是在这样一个时代大背景下展开的。书中叙写的事实，取材于《战国策》、《左传》、《国语》、《史记》四部史书，它将分散的历史故事和人物传记按照时间顺序穿插编排，融为一炉，成为一部结构完整的历史演义。史书上对历史事件的叙述和评价，有时候过于简单，而且作者往往还会出于某种原则立场，隐而不言，跟读者玩起捉迷藏，需要读者有一定的见地去领会作者的"言下之意"，因此，对于普通读者来说在理解上有一定难度。这部小说，作者正是把那些暗礁一样的"言下之意"，用通俗易懂的文字让大家看得

明白晓畅,其中的是非善恶,忠奸智愚,一览无余。这是作者编写此书的用意,也是他们对后人的一大贡献。

《东周列国志》与其他史书一样,以国家的兴亡成败为主题,致力探讨气运盛衰、人事成败之间转化变迁的因果关系。作者通过人物命运的沉浮,形象地告诉读者,能否注重道义,任用贤能是判断一个国家前途命运的最根本的依据,正所谓"得民心者得天下"。这种人本主义的观点,在今天仍具有进步意义。

《东周列国志》里,先秦时期的人物故事都一一亮相:褒姒的笑、管仲的智、齐桓的信、曹沫的无赖、晏蛾儿的愚忠、介子推的清高、晏子的识大体、苏秦的合纵、伍子胥鞭尸、蔺相如完璧归赵……都在这部小说中包罗无遗。春秋、战国的五百多年之间,正是中国历史上英雄辈出,群星灿烂的时代。尽管历史又走过了千百年,但这一时期的人和事,在历史上仍是最突出、最典型的,它几乎是后世是非成败的理论源头,更是后人行事为人的标准和榜样。这部小说通过丰富而生动的故事情节,赞扬了从善如流、赏罚严明、胸怀大度的王侯和忠贞、有勇有谋的将相,也赞扬了那些见义勇为、机智果敢的豪侠,同时也谴责和揭露了那些昏聩、残暴、荒淫、愚昧的帝王、诸侯以及贪婪、奸诈、阴险的佞臣。

小说的结构布局主次分明、繁简得当。虽然头绪纷繁,矛盾错综复杂,但来龙去脉交代清楚,不仅整个历史时代的发展变化得到如实的反映,各诸侯国的发展、变化,各国之间的关系,都条分缕析,写得清清楚楚。小说的故事性很强,每个故事既有相对的独立性,又是全书的一部分。许多故事描述得引人入胜,如"卫懿公好鹤亡国"、"西门豹乔送河伯妇"、"伍子胥微服过昭关"等等。由于小说反映了五六百年的历史,不可能有贯串始终的人物形象,但在不少篇章里,人物形象描绘得还是相当生动的,如管夷吾的博学奇才、齐小白的王霸之度、鲍叔牙的苦心荐贤等等,又如晋重耳、伍子胥、介子推、孙膑、庞涓、廉颇、蔺相如、文种、范蠡等等,都写得个性分明。

从艺术的角度看,《东周列国志》最大的缺点在于太过于迁就历史,以致削弱了它的文学性，不过它把头绪纷乱的历史做了清晰的处理，一定程度上也增强了小说的可读性。作为一部历史演义小说，《东周列国志》或许不如《三国演义》精彩，但是书里那些丰富的历史典故在引领我们纵横五百年东周历史之余，也能让我们在引古证今（用古代的经验教训，证明现实中的事情）的时候带来些许启发和思考。

神话与现实的浪漫拥抱——《西游记》

传说在中国的电视荧屏上有一部"神剧"，每年一到寒暑假它就会出现，号称是中国电视上重播率最高的电视剧，要问这部"神剧"是哪部，恐怕你也知道，就是《西游记》。孙悟空、猪八戒、沙和尚保护唐僧西天取经，历经九九八十一难的传奇历险故事在中国家喻户晓，不仅小孩子们喜欢，就是在大人看来也是饶有趣味的。孙悟空、唐僧、猪八戒、沙僧等人物和"大闹天宫"、"三打白骨精"、"火焰山"等故事尤其为人熟悉。《西游记》成书以来的几个世纪，不断被改编成各种地方戏曲、电影、电视剧、动画片、漫画、电脑游戏等等。在亚洲的日本、韩国、东南亚地区，《西游记》也同样受到人们的喜爱，至今它已被翻译成十多种语言，在日本等亚洲国家也不乏以孙悟空为主角的文艺作品。直到今天，《西游记》仍能持续不断地焕发着旺盛的生命力。

《西游记》又名《西游释厄传》，是"四大名著"中最老少皆宜的一部。它和《三国演义》、《水浒传》一样，也是在前代民间传说、话本、杂剧等内容的基础上加工编撰而成的。《西游记》的故事源于唐玄奘只身赴天竺（即印度）取经的历史。唐代高僧玄奘（602—664），是中国佛教法相唯识宗创始人，也是汉传佛教史上最伟大的译经师之一。玄奘俗姓陈，名祎，出生于河南洛阳洛州缑氏县（今河南偃师）。他13岁出家，后遍访佛教名师，因有感于各派学说纷歧，难得定论，便下定决心到佛教的发源地天竺去学习佛法。唐太宗贞观三年（629年，一作贞观元年），他从凉州出玉门关，一路西行，历经艰难抵达天竺。在天竺游学17年后，

他带着 52 筐佛经回到长安。在他的组织下,共译出经、论 75 部,1335卷。据说他在天竺时曾与当地学者举行过一次佛法论辩会,到会的有18 位国王,数千僧众。作为论主的玄奘将论意写出来,一份由主持人明贤法师读给众人,另一份则挂在会场门外,请人问难。结果 18 天都没人发论,于是玄奘取得完胜。玄奘回国后将自己西行的见闻口述出来,由弟子辩机辑录成《大唐西域记》12 卷。但这部书主要讲述的是路上所见各国的历史、地理和交通情况,和讲故事无关。后来,他的另两个弟子慧立、彦琮又撰写了一本《大唐大慈恩寺三藏法师传》,为玄奘的经历增添了许多神话色彩。从此,唐僧取经的故事便开始在民间广为流传,虚构的成分也越来越多,成为民间文艺的重要题材,如话本有《大唐三藏取经诗话》,金院本有《唐三藏》、《蟠桃会》等,元杂剧有《唐三藏西天取经》、《二郎神锁齐大圣》等,这些都为《西游记》的创作奠定了基础。据学者推测,元代时《西游记》的故事已经有了基本的骨架,而《西游记》的作者正是在民间传说和话本、戏曲的基础上,创造出了这部令中华民族为之骄傲的伟大文学巨著。

《西游记》的作者,一般认为是吴承恩,明朝中后期一位不得志的书生。他字汝忠,号射阳山人,生于一个由学官沦落为商人的家庭,家境清贫。吴承恩自幼聪明过人,但科考不利,到了中年才补上个"岁贡生"。后来因为家里

吴承恩故居

穷,做了个县丞。但他因为看不惯官场的黑暗,不久就愤而辞官,晚年以卖文为生,贫老而终。吴承恩自幼喜欢读野言稗史,熟悉古代神话和民间传说。官场失意,生活困顿,加深了他对封建科举制度和黑暗社会的

认识，促使他运用志怪小说的形式来表达内心的不满和愤懑。他在书中自言："虽然吾书名为志怪，盖不专明鬼，实记人间变异，亦微有鉴戒寓焉。"但是吴承恩到底是不是《西游记》的作者至今还是个悬案。迄今为止所发现的明、清两代不同版本的《西游记》，要么署朱鼎臣编辑，要么署华阳洞天主人校，要么署丘处机撰，要么干脆不署作者姓名，却从来没有一本署名吴承恩的。把吴承恩和《西游记》作者联系在一起的是胡适和鲁迅，他们在上世纪 20 年代考证出这个结论，但也有不少学者对此持有异议，至今仍在为求证出这部小说的作者继续努力着。

《西游记》共一百回，是一部规模宏伟、结构完整、用幻想形式来反映社会矛盾的神魔小说，也是中国神魔小说中不朽的杰作。小说的内容大概可以分为三个部分，第一回到第七回，描写的是孙悟空出世、学艺、大闹天宫的故事；第八到第十二回，叙述了三藏取经的缘由；第十三到第一百回是全书故事的主体，写孙悟空、猪八戒、沙和尚等保护唐僧，一路降伏妖魔，最终到达西天取回真经的过程。

《西游记》以丰富而大胆浪漫的艺术想象为读者构建了一个奇幻的神魔世界。小说情节生动曲折，人物形象栩栩如生，而且语言幽默诙谐，给小说里的魔幻世界增添了喜剧色彩，加强了小说的趣味性和感染力。《西游记》的艺术成就中最大的成功莫过于刻画了孙悟空这个不朽的经典形象。作为一只从石缝里蹦出来的神猴，作者在他身上赋予了人、神和猴子的三重特点，并且强烈地体现出一种人性对自由的追求和对束缚的反抗，因而"齐天大圣"孙悟空成为最受中国读者喜爱的神话英雄之一。书中的其他形象也刻画得生动有趣，如猪八戒，他憨厚老实，在与妖魔作斗争时也肯卖力，但他贪吃好色，爱占小便宜，遇到困难就老想着回高老庄娶媳妇。虽然他满身缺点，但却让读者感到十分真实可爱。就是那些由狮、虎、豹、鼠、蜘蛛等各种动物变化而来的妖魔鬼怪，在作者笔下也显得生动活泼，不但不会面目可憎，有时反而令人喜爱。

任何一部文学作品都是一定社会生活的反映，《西游记》也不例外。在充满浪漫想象的神话外衣下，我们常常能看到作者对现实的调侃。历

来被世人尊崇的神佛以及敬畏的最高统治者都被作者拿来讽刺揶揄了一番：玉皇大帝懦弱无能，如来佛祖像个斤斤计较的生意人，太白金星迂腐又爱耍小聪明等等，读来让人忍俊不禁。书中的最高统治者，如玉帝、车迟国国王、比丘国国王等不是昏君就是暴君。孙悟空凭借一条金箍棒就让玉皇大帝手下十万天兵天将束手无策，最后却大材小用被派去当了个养马的官，统治者的昏庸在此不言而喻。取经路上许多妖魔鬼怪都与神佛有瓜葛，如青牛精是太上老君坐骑，金、银角大王是太上老君的童子，狮驼岭三魔王均与文殊、普贤菩萨甚至如来佛祖有关系，取经之时佛祖竟默许手下人收取贿赂，这些情节自然也是攫取自封建社会官官相护的黑暗现实。从中我们不仅能看到现实社会的投影，也能感受到作者对现实的愤懑不满。鲁迅先生在《中国小说史略》中指出，《西游记》"讽刺揶揄则取当时世态，加以铺张描写"。又说："作者禀性，'复善谐剧'，故虽述变幻恍忽之事，亦每杂解颐之言，使神魔皆有人情，精魅亦通世故。"

　　《西游记》问世后，出现过《后西游记》、《续西游记》等续书，以及《唐三藏西游释厄传》、《西游记传》等删、改之作，但艺术成就都无法与《西游记》相提并论。《西游记》以非凡的艺术魅力赢得了古今中外无数读者的喜爱，就连毛主席也对《西游记》偏爱有加，尤其对于孙悟空的"强者为尊该让我，英雄只此敢争先"，"玉帝轮流做，明年到我家"的形象和风采称赞不已。他不仅好几次引用《西游记》的故事来比喻现实问题，还以孙悟空的形象为喻写过著名诗句："金猴奋起千钧棒，玉宇澄清万里埃。今日欢呼孙大圣，只缘妖雾又重来。"不论是在中国小说史上，还是在广大读者心目中，《西游记》都是中国浪漫主义神话小说的一座丰碑。

从平凡生活到艺术的"进化"——《金瓶梅词话》

　　《金瓶梅词话》就是我们常说的《金瓶梅》（二者只是版本的不同），说起这本书，大多数人的第一反应就是两个字：禁书。没错，在中国历代的禁书中，《金瓶梅》算得上最具知名度的一本了。由于书中充斥了大量的性描写，它自从问世以后就屡遭禁毁，让很多读者只闻其名，难见其详。然而，《金瓶梅》就只是一本"黄书"这么简单吗？当然不是。抛开书中那些色情的部分，在中国古代文学史上，《金瓶梅》其实是一本具有开拓意义的小说，是与《三国演义》、《水浒传》、《西游记》齐名的明代"四大奇书"之一。这里所说的"奇"，不是猎奇，而是指它们在内容或艺术上有新奇之处，同时也包含着对它们所取得的创造性成就的肯定。那我们就来看看《金瓶梅》"奇"在何处。

　　《金瓶梅》的故事是由《水浒传》里"武松杀嫂"的一段情节演化而来。在《金瓶梅》的开头，潘金莲并没有被武松杀死，而是嫁给了西门庆为妾，然后小说由此展开。小说的主角西门庆原是个破落财主、生药铺老板。他善于夤缘钻营，巴结权贵，在县里包揽讼事，交通官吏，知县知府都和他往来。他不择手段地巧取豪夺，聚敛财富，荒淫好色，无恶不作。书中写他原有一妻二妾，又先后谋取孟玉楼、潘金莲、李瓶儿为妾，并和婢女春梅等发生淫乱关系。同时还描写他与宰相、太尉、巡抚等大臣串通一气，鱼肉人民的种种勾当。为了满足贪得无厌的享乐欲望，他干尽伤天害理的事情。但由于有官府做靠山，特别是攀附巴结上宰相蔡京并拜其为义父，使得他不仅没有遭到应有的惩罚，反而左右逢源，步步高升。小说就是通过对西门庆及其家庭罪恶生活的描述，体现了当时社会生活的面貌，描绘了一个上至朝廷内擅权专政的太师，下至地方官僚恶霸乃至市井间的地痞、流氓、宦官、帮闲所构成的鬼蜮世界。作者在小说中直面人生，洞达世情，将社会的腐败黑暗，人性善恶的复杂直接呈现在读者面前。《金瓶梅》的书名是从小说中西门庆的二妾和宠婢潘金莲、李瓶儿、庞春梅的名字中各取一字而成。也有人认为，书名实际上有更深一层的含义，即"金"代表金钱，"瓶"代表酒，"梅"代表女色。《金瓶梅》成书大约在明代万历年间，书中所写的故事发生在北宋，但实际表现的正是明代的社会现实风貌。毛主席在评论《金瓶梅》时认为它描写了真正的明朝历史。

《金瓶梅》书影

　　在《金瓶梅》之前，无论是历史小说，如《三国》、《东周列国志》，还是英雄传奇小说，如《水浒》，或者是神魔小说，如《西游记》等，中国的长篇通俗小说主要都是以历史故事、民间传说为素材，在民间的"说话"艺术中经过了长期酝酿、改造而形成的，这些小说都讲究故事情节的传奇性，里面的人物大多善恶分明，形象鲜明而简单。但《金瓶梅》与这类小说完全不同，它除了开篇与水浒里的一段故事相关外，所有的故事情节都出自作者兰陵笑笑生的创作，所以它被认为是我国第一部文人独立创作的长篇小说。关于这位兰陵笑笑生可谓是"神龙不见首尾"，我们只知道这是一个笔名，他的真实姓名和身份始终是个历史谜团。明万历刊本《金瓶梅词话》卷首有三篇序（跋）言，其中的"廿公跋"称《金瓶梅》，传为世庙时一巨公寓言"。明沈德符《万历野获编》则说兰陵笑笑生是"嘉靖间大名士"。除了这模糊的"巨公"和"大名士"的来头，再找不到其他内容。几百年来好奇的人们对"兰陵笑笑生"的各种猜测和考证热闹非凡，已出现的说法就有五六十种之多。虽然到现在我们仍不能确定兰陵笑笑生到底是谁，但至少有一点可以确定，那就是他在小说创作上达到了前人所不能及的高度，这使得他和他的《金瓶梅》在我国古代小说发展史上都占据着重要的地位。

从小说描写的内容题材来看,《金瓶梅》之前的长篇小说,不是描述历史上的显赫人物,就是民间的英雄豪杰或神仙妖魔,总之都是非凡人物的故事。《金瓶梅》却是围绕着一个富商家庭的日常生活展开的,并以这个家庭的广泛社会联系来反映社会的各个层面。作者在小说中细致地描述人物的生活、对话和日常琐事,完全走出了之前的小说那种描写传奇人物传奇故事的套路。作者在平凡的世态人情的描绘中把读者带入到小说展现的艺术世界里,完成了我国古代小说的又一次"进化"——第一部真正意义上的社会小说就此诞生。这种小说后来也被叫做"世情"小说。

仅就以上两方面而言,《金瓶梅》就意义非凡,它直接开启了古代文人直接取材于现实社会生活而进行独立创作长篇小说的先河,对后世的小说产生了深刻的影响,最著名的例子就是《红楼梦》。在题材和细节描写等方面,《红楼梦》就明显地受到它的影响。有人认为,虽然由于小说中有性描写,使小说对市井读者构成了吸引,但只有对传统文化有相当认知的人,才能够真正读懂读透它。不过,小说中过多的淫秽描写,使它在博得"古今天下第一淫书"的名号时,也在一定程度上损害了它的文学和美学价值,而且招致了长期被禁毁的命运,这或许是那位兰陵笑笑生在创作这部小说时始料未及的吧。

一个时代的社会写生——《醒世姻缘传》

一个男人和几个女人,会有怎样的剧情? 古往今来的艺术作品给出了各种各样风格迥异的版本:陈世美和公主、秦香莲,是嫌贫爱富、忘恩负义版;贾宝玉和黛玉、宝钗,是此恨绵绵无绝期版……明末清初一个笔名西周生的人写了一部《醒世姻缘传》,则是前世今生因果报应版。

在这部以明代正统至成化年间(1465—1487)为背景的章回小说里,西周生挥洒百万字,用上百回的篇幅讲述了一个两世姻缘、轮回报应的故事:书的前二十二回写了前世晁家的故事。浪荡子晁源携妓女珍哥

打猎,射杀了一只狐精。后来晁源娶了珍哥为小妾。因为嫌弃原配计氏,晁源便纵容珍哥虐待计氏,后来珍哥诬陷计氏与和尚私通,致使计氏投缳自尽。这就是前生的故事。二十三回以后,前世的男女主角都托生到今生的狄家再世为人。狄希陈是晁源托生,前世被射死的狐精托生成了他的妻子薛素姐,被迫害的计氏托生成了他的小妾童寄姐,而婢女珍珠则是珍哥转世投胎。在这段后世姻缘中乾坤颠倒,狄希陈变成了一个极端的"妻管严",畏妻妾如猛虎。而薛、童则是两个极品悍妇。她们逼死珍珠,并想出种种稀奇古怪的残忍办法来折磨虐待丈夫:把他绑在床脚上、用棒子痛打、用针刺、用炭火从他的衣领中倒进去,烧得他皮焦肉烂⋯⋯如此这般非人的折磨,狄希陈却只是一味忍受。最后,经高僧胡无翳点化他们的前世因果,狄希陈梦入神界,虔诵佛经万遍,才得消除了这段冤业。

从小说名字的"醒世"二字可以看出,作者编排这个故事的目的在于教化,希望警醒、劝谕世人"善有善报,恶有恶报"。浓重的说教意味,荒诞的故事情节,还有琐碎冗长的描写和百万字的庞大体量,都使这本小说令今天的读者兴味索然,连鲁迅先生都说:"其为书也,至多至烦,难乎其终卷矣。"难道这本书真的这么一无是处吗?也不尽然。张爱玲生平最爱读的两本古代小说,一本是《海上花列传》,另一本就是这部《醒世姻缘传》。她曾在给胡适的一封长信中写到:"《醒世姻缘》和《海上花》一个写得浓,一个写得淡,但是同样是最好的写实的作品。我常常替它们不平,总觉得它们应当是世界名著⋯⋯我一直有一个志愿,希望将来能把《海上花》和《醒世姻缘》译成英文。"一个俗套的两世轮回冤冤相报的故事,何以在张爱玲笔下成了"最好的写实的作品"?其实,就如许多古典文学作品一样,既有精华也有糟粕,但瑕不掩瑜。虽然包裹着因果迷信的色彩,但是《醒世姻缘传》的骨子里却是一部和《金瓶梅》一样展现世态人情的长篇小说。作者在这个荒诞不经的两世姻缘、因果轮回的故事里,透过前世今生的晁、狄两家,写出了封建大家庭里的纲常伦理、婚姻情态、夫妻恩怨、财势沉浮,以及由此腾挪牵扯、广泛展开的社会场景。从城镇到都市,从家庭到官场,人情物态、世情风俗都在作者笔下全景式地展现在读者面前。小说在描写现实人生的时候,作者保持了相当的清醒。他以对社会生活的深切体察为基础,描绘出了一幕幕真实而鲜活的世态人情:顽劣子弟私通关节便成了秀才,三年赃私十多万两的赃官罢职时还要"脱靴遗爱",逼死人命的女囚使了银子在狱中依然养尊处优,狱吏为了占有美貌的女囚不惜纵火烧死另一名女囚,无文无行的塾师榨取学生就像官府追逼钱粮,江湖医生故意下毒药加重病情进行勒索,尼姑、道婆装神弄鬼骗取钱物,媒婆花言巧语哄骗人家女儿为人作妾,乡村无赖瞅着族人只剩下孤儿寡母便谋夺人家的家产,新发户转眼就嫌弃亲戚家"穷相"。书中各色人物情态描摹得惟妙惟肖,加上诙谐的方言俗语,常于轻描淡写之中,显出冷隽的幽默,不时让读者忍俊不禁。难怪徐志摩将这部小说比作"一个时代的社会写生"。

写这小说的"西周生",据胡适的考证,认为就是大名鼎鼎的《聊斋志异》作者蒲松龄。但近些年来,许多研究者都对此提出反对,分别提出了不同的见解和考据。不管这位作者究竟是何人,他在这部书里描绘的明代社会,倒是给了今天的我们一本了解过去的极好的参考书。胡适评价这部小说时说:"将来研究 17 世纪风俗史的学者,必定要研究这部书;将来研究 17 世纪中国教育史的学者,必定要研究这部书;将来要研究中国 17 世纪经济史的学者,必定要研究这部书。"如果你也对 17 世纪的中国社会有些好奇,那么读《醒世姻缘传》会是一个不错的选择。

在神魔世界中重塑理想——《封神演义》

一只独角乌烟兽能让你飞云掣电,火龙兵可以帮你大败敌方,蛟龙化作的阴阳神鞭能够法力无穷⋯⋯这不是电子游戏里的奇异装备,而是我们老祖宗的神奇想象;如果你想了解古代中国人的想象力有多么天马行空,那么你就去看看《封神演义》,如果你有兴趣研究中国的神仙族谱,你也不妨去看看《封神演义》。在中国的古典长篇神魔小说家族里,

《封神演义》是和《西游记》一样家喻户晓的成员，它给我们展现的是一场奇幻的中国版"诸神之战"。

在距离我们三千多年的商周时代，人类社会还处于奴隶制社会的初级阶段，王朝其实是由无数的部落组成的联合体。它们的历史没有《史记》这样的文字记载，除了一些带有神话色彩的传说，今天的我们要想了解那个时代的面貌，只能拜托考古学家在掘地三尺的遗址研究中去发现和推测了。《封神演义》就以这个遥远的时代为背景，移植了作者所处时代的宗教、社会和价值观，虚构出了一个神、人、妖三界大混战的奇幻世界。

这个世界分为仙山洞府和三界。仙山洞府中有对立的两派，分别是由仙人、道士们组成的昆仑山的仙道"阐教"和海外仙士、方外术士或得道禽兽组成的"截教"。三界则是由玉皇大帝统治的天庭、商纣王统治的人间和女娲统治的妖界。小说以武王伐纣、商灭周兴为主线展开。在一次宗教祭奠时，纣王为世间最美丽的女人女娲娘娘作了首邪恶的诗。纣王的渎神行为惹怒了女娲，于是女娲命令轩辕坟三妖——千年狐狸精、玉石琵琶精、九头雉鸡精迷惑纣王使其国家毁灭。狐精使用冀州诸侯的女儿妲己的身体进入后宫，得到纣王的宠爱。后来，雉鸡精与琵琶精又幻化成"胡喜妹"与"王贵人"共同迷惑纣王。被妲己等操纵的纣王逐渐变得残暴异常，因而掀起了一场推翻其暴虐统治的斗争。而仙山洞府也不是个太平世界，仙人们个个都法力高强，不受管束。他们也互相争斗，还不时闹出些仙人毁坏人间的事情来。于是，人间的改朝换代也给了仙界一次洗牌的机会。人间，是纣王与武王争天下，与之相对应的是天界的"阐教"和"截教"的神仙道统之争。最后，商灭周兴，武王分封诸侯，姜子牙受命封三百六十五位正神，天上、人间重归太平。

《封神演义》全书共100回，以其篇幅巨大、幻想奇特而闻名于世。书中的各类人物都有着奇特的形貌和异能，杨任剜目后可在手掌内生出神奇的眼睛，雷震子肋下长有可以飞翔的肉翅，哪吒则能化为三头六臂；神仙妖怪们的法术道行也是神奇莫测，如土行孙等的土遁、水遁之法，陆压的躬身杀人之术,以及众仙腾云驾雾、呼风唤雨、搬山移海、撒豆成兵,还有风火轮、火尖枪、阴阳镜、斩仙飞刀、八卦紫绶仙衣等各种让人眼花缭乱、匪夷所思的法宝神器。我们熟知的哪吒闹海、姜子牙下山等故事也都是出自这部魔幻奇书。

　　创作于明代的《封神演义》,我们习惯叫它《封神榜》,但它还有好几个你或许不熟悉的名字:《商周列国全传》、《武王伐纣外史》、《封神传》。《封神演义》的故事题材最早的来源可能是南宋的《武王伐纣白话文》和《商周演义》、《昆仑八仙东游记》。这部小说是在古代魔幻神话故事再参考古籍和民间传说的基础上创作而成的。和中国很多古代小说一样,《封神演义》的作者是谁也是桩历史公案,历来众说纷纭:有的说是许仲琳,有的认为是道士陆西星,也有的说是王世贞,还有人认为是明代某士人所撰,并且编排了一个书生嫁女的故事。故事的大概是说:从前有个读书人,在他大女儿出嫁时用尽了家财,二女儿因此很埋怨,这位读书人便安慰她别担心,后来他就根据《尚书·武成篇》中"惟尔有神,尚克相予"之类的话语,写成了《封神传》一书给二女儿作陪嫁。二女婿将书稿出版销售后竟然发了大财。《封神演义》的作者虽不能确定是谁,但我们或许可以猜想一下,这位作者也是一位在科举仕途的路上郁郁不得志的书生,心灰意冷之后转而在道家的游方仙术中找到了精神寄托。在他身处的明朝中叶,面对朝政日非,生民疾苦,贿赂公行,以及自己的怀才不遇……现实中的种种丑恶和不公使他充满了愤懑,也对宋儒理学之类的言说产生了厌弃。前代话本故事和古代神话传说触发了他的创作灵感,没有了"四书五经"及八股文的思想禁锢,这位读书人驰骋想象,恣意挥洒,创造了一个魔幻与现实交织的世界。在这个虚幻的世界里他可以实现自己的政治和宗教理想。他歌颂吊民伐罪的周武王和姜子牙,而不责备他们以臣伐君犯上作乱;他肯定哪吒对李靖的对抗行动,赞许为了正义儿子可以打老子;他敢于打乱传统的道教神位系统,按自己的设想作了另一番安排,宣扬了"儒道佛"三教合一的思想。在他眼里,要澄清这个现实世界的混乱局面或许只有如周武王、姜子牙这样

中国小说入门寻味

的非凡人物才行。只可惜，周武王和姜子牙不能再世，现实的问题在作者看来仿佛成了无解的命题，于是，他只能在"天数"、"命定"中寻求超自然的解释，因此，给这部小说笼罩了浓重的宿命思想。

据说《封神演义》的作者编撰此书，是意欲与《西游记》、《水浒传》"鼎足而三"，但终究还是略逊一筹。《封神演义》创造了数以百计的人物，但其中性格丰满的形象并不多，而最致命的缺憾，就是所有人物的性格都是两极化，要么好，要么坏；要么忠，要么奸。而在情节上，《封神演义》的安排也是简单地两极化，过于单薄，要么是朝廷内奸臣和忠臣的冲突，要么是叛将和朝廷之间的冲突，再或者就是纣王和西周的矛盾。小说故事的铺叙则有重复雷同之嫌，尤其是数次神仙斗法设阵破阵，更有千篇一律之感，情节发展也有不够严谨的地方。这些缺点都使《封神演义》没法跻身"四大名著"之列，但自成书以来，它在民间仍得到广泛的流传，并产生了很大的影响，比如，民间在建房竖柱之际，要贴上写着"姜太公在此，诸神回避"的红纸条，这个习俗就是从《封神演义》来的，大概是因为人们相信姜太公是封神的人，自然能镇住一切凶神恶煞，保世人平安吧。虽然《封神演义》的艺术成就不算太高，但是书中那些充满趣味的奇思妙想几百年来始终对读者充满了吸引力，闲暇时看看书里的神仙打架也挺有趣的。

一位被忽视的文化使者——《好逑传》

当18、19世纪的中国读者津津乐道于《三国演义》、《水浒传》、《西游记》或者《红楼梦》这四部最优秀的长篇小说的时候，欧洲人正在被另一部中国小说征服。1719年，一位旅居中国广东多年的英国商人从中国回国，跟他一起踏上欧洲大陆的还有一部小说的译稿。这位商人去世后，这部译稿在英国主教托马斯·帕西的帮助下于1761年在伦敦出版，并很快风行一时。1766年，这本书又相继被翻译成法文和德文，第二年又出现了荷兰语译本。如果你问一位当时的欧洲学者或作家，他所了解的中国最优秀的小说是哪一部,那么,他一定会告诉你是《好逑传》——一部在中国古代文学史上只能算作二三流的小说作品。

这部《好逑传》,又名《侠义风月传》、《第二才子好逑传》,也是明末清初的一部中篇言情小说,全书共四卷十八回。《好逑传》的书名取自《诗经》第一篇《国风·关雎》中"窈窕淑女,君子好逑"。从书名的取义便可以窥知小说也离不开才子与佳人。故事讲的是大名府秀才铁中玉,英俊多智且武艺高强,其父铁英在朝中为御史,因参侯沙利强夺民女却无佐证反而被参下狱。中玉进京省亲,持锤闯入公侯府,救出民女。铁英得以昭雪,升都察院,侯沙利被罚。中玉名动京师,游学山东。山东历城县兵部侍郎水居一因荐边将失察被削职充军,其弟水运谋夺兄产,逼侄女冰心嫁给学士之子过其祖。冰心沉着机智,多次摆脱过其祖的纠缠。一日,水运又伪造居一复职喜报,骗出冰心将她劫走。恰逢中玉来历城,路见不平,拔刀相救。中玉寓居长寿院,过其祖设计投毒。冰心遂将中玉接到家中为其疗治。二人虽互相敬慕,但却严守礼教。后来水居一获释升任尚书,与铁英为儿女定婚。过学士不甘失败,唆使万御史劾奏中玉曾在冰心家中养病,男女同居一室,先奸后娶,有伤名教。经皇后验明冰心确系处女,中玉、冰心奉旨完婚。

《好逑传》虽然也是才子佳人大团圆的故事,但它与当时流行的这类小说惯有的模式有着明显的不同。书中的男女主角,一个侠风义骨,一个机智勇敢,他们不是一见钟情,也没有诗词传情,更没有丫环从中撮合。他们的结合是在患难之中逐渐相知而倾慕,这样的构思,开启了一种将才子佳人小说和英雄传奇相结合的思路。清末光绪年间问世的《儿女英雄传》显然就是受了《好逑传》的启发而来。这部小说的故事紧凑,人物鲜明,文辞优美,带有丰富的喜剧色彩,是明清之际诸多才子佳人小说中的上乘之作,广受读者喜爱。

这部小说的作者和具体创作时间现在都不确定,只知道早在清初已刊行于世,创作时间应当更早,因此学者多认为作于明代。该书清刊本署名"名教中人编次",我们虽不知道这位"名教中人"的真名实姓,但这

个笔名无疑是在向读者宣告,他的立意旨在宣扬伦理纲常,将封建礼教与青年男女正当交往调和起来,使"名教生辉","以彰风化",因此,书中夹有大段的说教内容。这样一部宣扬名教纲常的小说,按理说在封建时代也算是走的"主旋律"路线,但在清代,此书却被当作淫书而遭到禁毁,着实让人有些费解。

这部小说在 18 世纪被翻译成英、法、德文之后,意外地在欧洲获得了非凡的礼遇,德国大文豪歌德就是它最著名的粉丝之一。他曾对其大加赞赏,对于男女主人公对待爱情的态度,他说:"有一对钟情的男女在长期相识中贞洁自持。有一次他俩不得不在一间房里过夜,就谈了一夜的话,谁也不惹谁。"他因此认为"中国人在思想、行为和情感方面几乎和我们一样,使我们很快就感到他们是我们的同类人。只是他们那里一切都比我们更明朗,更纯洁,也更合乎道德"。而另一位德国的伟大作家席勒不仅喜欢这部小说,甚至还因为对其德文译本不满意,而动过改编的念头。《好逑传》这部在中国人的阅读书目中很容易被忽视的小说,却成了向西方世界传播中国文化的使者,这也应该算是一种奇缘吧。

创世英雄的传奇——《说唐演义全传》

通俗小说之所以广受读者喜爱,除了它的语言明白晓畅、通俗易懂之外,更在于它总是"以人为本",从读者的喜好出发,讲述老百姓喜爱的故事。言情小说是这样,历史英雄人物的故事也同样是老百姓最喜欢的故事类型之一。"乱世出英雄",中国五千年的历史正如《三国》开篇所言"合久必分,分久必合",在天下分分合合的动乱之际,也正是英雄豪杰辈出之时。非常的时代、非常的人物,自然也会有说不完的非常故事。历史上的乱世都成为后世说不尽的话题,也为小说提供了丰富的题材。以隋灭唐兴为题材的《说唐演义全传》就是一部讲述这段乱世风云中各路英雄际会的长篇历史演义。

隋末群雄并起,天下大乱,秦王李世民削平群雄、建立唐帝国的历史充满了传奇色彩。隋炀帝贪酷暴虐，是历史上少有的暴君；唐太宗的英明神武、礼贤下士、体恤民情，又是历史上少有的圣贤之君，而他所创立的大唐帝国更是中国历史上空前的黄金时代。这一切都让这段历史充满了引人入胜的话题感。隋唐之际群雄纷起的史实，不仅唐代笔记和传奇有大量的描述，即使正史也有所记载。这些故事历来是民间说书讲史艺人所乐道的内容之一，也深受市井民众喜爱。宋末吴自牧《梦粱录》卷二十《小说讲经史》条即有"讲史书者，谓讲说《通鉴》、汉、唐历代书史文传兴废争战之事"的记载。明代时演义小说蓬勃兴起，以这段历史为题材的小说先后出现了罗贯中《隋唐两朝志传》、林瀚《隋唐志传通俗演义》、熊大木《唐书志传通俗演义》、袁于令《隋史遗文》、诸圣邻《大唐秦王词话》等，清康熙年间又有褚人获的《隋唐演义》刊行。这些取材于隋唐历史的通俗小说以及之后的同类小说被后人称为"说唐"系列。它们中大多以正史纪传为基础，兼杂一些唐宋以来的野史杂说。我们要介绍的这部《说唐演义全传》比前代作品成功的地方，就是它更广泛地吸取了民间传说来加以演绎，不拘泥于史实，具有鲜明的民间文学色彩。

　　《说唐演义全传》也简称《说唐全传》或《说唐》，后来与《说唐后传》合刻，改名为《说唐前传》。这部小说共六十八回，作者不详，成书时间一般认为是清代雍正、乾隆年间。

　　小说描述的历史起于隋文帝平陈，止于唐太宗登基。全书以瓦岗寨群雄起义为中心，揭露了隋炀帝荒淫无道，大兴徭役，宇文氏恃宠骄横、残暴凶狠，给人民带来的深重苦难。而统治阶级内部的倾轧矛盾，又加剧了隋王朝的分崩离析之势，致使全国各地爆发了"十八路反王，六十四路烟尘"的反隋起义。书中以浓墨描述了瓦岗寨聚义英雄劫王杠，劫囚牢，反山东，起马取金堤，三斧取瓦岗，建立起义政权的故事，情节曲折，描述也比较生动。

　　《说唐全传》既是一部《三国演义》式的历史演义小说，也是一部《水浒传》式的英雄传奇，在讲述隋唐易代的过程中塑造了一群瓦岗寨起义英雄的形象，我们如今所熟悉的秦琼、程咬金、罗成、尉迟恭等人物和他

们的故事很多便是出自这部小说。书中的人物都被刻画得个性突出，神态各异，如秦琼的宽厚善良、任侠仗义，罗成的年少气盛，尉迟恭的威猛果敢，徐茂公的智谋神算，程咬金的粗野、诙谐、憨厚等都已经成为这些历史人物身上鲜明的标签。其中单雄信豪爽暴烈的性格富于悲剧色彩，他誓不降唐，面临强敌而别妻抛子、单骑踹营、视死如归的一段描写颇为悲壮。小说中写得最成功的人物则是程咬金。他出身微贱，几经患难，由流浪要饭的穷汉而成为瓦岗寨的"混世魔王"。他是一个莽夫，却在直爽暴躁的性格中带有机智诙谐，在书中的众多英雄中最能给读者以深刻印象。这部小说中的人物形象大多具有传奇色彩，但作者为了突出他们的神力勇武，使用了夸张的笔调，因此不免有凭空构撰、脱离真实的毛病。全书善于以粗犷的线条勾勒人物、铺叙故事，但笔致不够细密严谨，艺术上显得较为粗糙，间有模仿其他演义小说的痕迹。在思想倾向上，李世民在书中被塑造成寄寓着"仁政"理想的"真命天子"，对他归顺与否是群雄成败的根本条件，作者也以此作为评定褒贬的基本标准，因此，这部作品中表现出浓厚的封建正统观念和宿命论色彩。

　　《说唐演义全传》之后又有《说唐后传》（包括《说唐小英雄传》16回，即《罗通扫北》和《说唐薛家府传》6卷42回）、《征西说唐三传》及《反唐演义传》等续书出现，分别铺叙瓦岗英雄之后及薛仁贵征东、征西，薛刚、薛强反唐的故事，这些作品不外乎以褒贬忠良善恶，宣扬拓边封侯为主旨，艺术上则因袭模仿、缺乏新意，因而成就不高。在这一系列"说唐"小说中，《说唐演义全传》是最为成功的一部，它实现了由历史演义体向英雄传奇体的转化。它与另一部描写岳飞故事的小说共同成为长篇英雄传奇小说最重要的代表作。

自古英雄空余恨——《说岳全传》

　　说起中国古代的英雄人物，抗金名将岳飞是不能不提的一位。如果你看过83版《射雕英雄传》，是否还记得电视剧开篇的一段情节：目睹南宋屡弱,金人破国的现实,郁闷不忿的杨铁心和郭啸天二人在风雪之夜借酒浇愁,归家路上且行且歌,他们唱的便是岳飞的《满江红》(怒发冲冠):

怒发冲冠,凭栏处,潇潇雨歇。抬望眼,仰天长啸,壮怀激烈。三十功名尘与土,八千里路云和月。莫等闲,白了少年头,空悲切! 靖康耻,犹未雪;臣子恨,何时灭? 驾长车,踏破贺兰山缺。壮志饥餐胡虏肉,笑谈渴饮匈奴血。待从头,收拾旧山河,朝天阙!

后世之人虽无缘再见岳飞作这首词时是何等慷慨激昂,但依然能从短短的文字中感受到热血沸腾的豪情,而他"待从头,收拾旧山河"的豪情壮志,以及壮志未酬身先死的悲情人生都让世人唏嘘不已。作为中国历史上著名的英雄,岳飞的事迹千百年来在民间广为流传。岳母刺字"精忠报国"的故事家喻户晓,他的"岳家军"大破金兵,留下了"撼山易,撼岳家军难"的赫赫声名,而十二道金牌召还,被秦桧以"莫须有"的罪名陷害致死的英雄结局,更令人悲愤难平。

汤阴岳飞庙塑像

岳飞的传奇一生有如一首慷慨悲歌,从南宋末年起就成为说话艺人、戏曲家、小说家创作的题材。明代时还开始出现了以岳飞为主角的小说。一本叫《大宋中兴通俗演义》,共8卷80则,以"斡离不举兵南寇"为始,"冥司中报应秦桧"为末,然而这本小说的人物情节都比较粗糙,文字也半文半白。另一本名为《按鉴通俗演义精忠传》,这本小说的作者于华玉对《大宋中兴通俗演义》中出现的虚构情节颇为不满,于是他在编撰

这本书时,情节人物均一一对照正史,但也因此失去了小说的趣味,变成史传的复述而已。清朝康熙至乾隆年间,一位名为钱彩的小说家也把目光投向了岳飞这位民族英雄。他在元明以来有关岳飞的民间说唱和戏曲、小说的基础上,重新加工编定,后来又经过一位叫金丰的人增删修改,出版了一部共 20 卷 80 回的《新增精忠演义说本岳王全传》,简称《说岳全传》。这部小说吸收了过去岳传中的精彩部分,又加进许多民间传说,成为"说岳"系列小说中成就最高、影响最大的一部,一直以来深受人们的喜爱。

《说岳全传》以正史记载的岳飞生平事迹为故事框架,虚构了大量情节及细节,使小说比其他同类题材作品更加生动多彩、引人入胜。小说的编撰者认为,写历史小说"事事皆虚则过诞妄","事事皆实则失于平庸",应该"实者虚之,虚者实之",才能吸引读者。正是这种虚实结合的创作态度,使得作者能放手使用说唱文学、戏曲、传说中的各种可用的材料,演绎出许多精彩的情节,如"枪挑小梁王"、"岳母刺字"、"高宠挑滑车"、"梁红玉击鼓战金山"、"王佐断臂"、"牛皋扯旨"等脍炙人口的故事。但是,小说在精彩之余,也存在许多古典小说共有的毛病,那就是把现实人间的悲剧归结为宗教的因果报应和天上神仙的恩怨纠纷。小说中虚构出岳飞前世为佛顶上的金翅鸟,秦桧为黄河中铁背虬龙,秦桧妻王氏是上天雷音寺女土蝠,金兀术是上天赤须龙。他们在天上结下了冤仇,来到人间相报,从而引起了宋、金交恶,才有了岳飞精忠报国,秦桧卖国求荣,与金兀术相勾结,共同陷害岳飞的种种情节。这些荒诞无稽的虚构内容,不能不说是《说岳全传》的败笔。

《说岳全传》的前 61 回主要写岳飞。岳飞在母亲严教下长大,又跟周侗学艺,少年即文武双全。岳飞与结义兄弟赴京考武举,因枪挑小梁王闯下大祸,逃回乡里。不久金兀术兴兵南犯,徽宗、钦宗以及康王尽被俘虏。康王得天之助,逃过长江在金陵即位,召岳飞入伍抗金。岳飞击败金兀术,因功而升为五省大元帅。金兀术于是买通秦桧,送他回国充当内奸。正当岳飞挥兵北上,在朱仙镇大破金兵"连环马"、"铁浮陀",

最后大破"金龙纹尾阵",致使金兵溃不成军,准备直捣黄龙府之时,十二道金牌急令岳飞立即回京。秦桧夫妇为破坏抗金事业,以"莫须有"的罪名屈杀岳飞、岳云和张宪于风波亭。62回以后,接着写岳飞之子岳雷、岳霖结义,岳家军将领子弟闹临安、祭岳坟,后来秦桧夫妇暴死、高宗驾崩,孝宗即位后为岳飞昭雪,岳雷挂帅抵抗金兀术的再次入侵。岳家小将全歼金兵,生擒金兀术,金兀术当场气死,牛皋当场笑死。结尾是忠臣皆得封赠,岳飞之灵由佛爷启迪顿悟因果,遂复为佛顶大鹏。

　　小说将复杂纷纭的朝廷政事简化为忠奸斗争,对岳飞的形象也赋予了过多的封建伦理色彩。为了要表现他的忠孝仁义,在设置情节时竟出现了一些违背常情之处。小说的最后,佞臣强寇都遭到惩罚,忠臣烈士均得到封赠,这虽是人民群众"幻将奇语慰忠魂"的美好愿望,但这种背离现实的大团圆俗套,和作者将岳飞与秦桧的矛盾说成是前世冤孽一样,掩盖了岳飞历史悲剧的社会原因,也大大淡化了英雄人生的悲剧色彩。

　　《说岳全传》曾在乾隆年间被列为禁书。这或许是因为清王朝的统治者是金朝女真人的后裔,而这部小说中强烈的民族思想,以及对金朝和女真人形象的贬低,定然会触怒清朝皇帝,招致了被禁的命运。不过小说远比岳飞本人幸运得多,清朝统治者的查禁并不能禁锢住小说的影响,更不能削弱人们对岳飞这位英雄的敬仰。

儒士的科举人生——《儒林外史》

　　清朝的康熙至乾隆年间是中国封建社会的最后一个太平盛世。经历改朝换代的战争洗礼,中国社会终于迎来了难得的和平与繁荣。在这一片繁荣之中,小说创作也进入了黄金时代,相继诞生了《聊斋志异》、《儒林外史》、《红楼梦》这些达到古代小说顶峰的杰作。在这些耸立的高峰之中,《儒林外史》以独特而精湛的讽刺艺术为中国讽刺小说树立了典范,也在世界小说之林赢得了一席之地。而《儒林外史》所讽刺批

判的对象正是对于古代读书人的前途命运最最重要的一项制度——科举制度。

科举，是中国历代封建王朝通过考试选拔官吏的一种制度。由于采用分科取士的办法，所以叫做科举。科举制从隋朝大业元年（605年）开始实行，到清朝光绪三十一年（1905年）举行最后一科进士考试为止，经历了1300多年。科举制度的产生对隋唐以后中国的社会结构、政治制度、教育、人文思想都产生了深远的影响。本来科举的目的是为了政府能从民间选拔人才，是古代官吏选拔制度的一种巨大突破。相对于科举制度之前的世袭、举荐等选才制度，科举考试无疑是一种公平、公开及公正的方法，为出身寒门的知识分子打开了一条走向社会上层的通道。但是，随着科举制度的不断发展，其考核的内容和形式不是变得越来越利于发现人才，反而是越来越僵化，变成只要求考生能造出合乎形式的文章，而不注重真才实学。大部分读书人为了科考应试，思想逐渐被狭隘的、迂腐的八股文所束缚，无论是眼界、创造能力，还是独立思考的能力都被大大地限制了。在封建社会，科举考试是知识分子进入国家统治阶层、获得社会地位唯一的方式。因此，通过科考进入仕途，光宗耀祖，成为大部分人读书的唯一目的。科举考试在中国发展的这一千多年，就这样逐渐由一种积极的人才选拔方式变成了阻碍人才发展、社会进步和思想解放的桎梏。

《儒林外史》的作者吴敬梓就是一个在那个时代难得的，既有清醒认识又敢于对科举制度进行批判的人。吴敬梓对科举制度的深刻认识与他的家庭环境不无关系，因为他自己就出生于一个靠科举发达的书香官宦世家。他家自他的曾祖起就一直科第不绝，做官的很多，有过"五十年家门鼎盛"的时期，只

吴敬梓雕像

是到了他父亲时已经开始走下坡路了。在这样的家庭里,吴敬梓从小就受到良好的教育,年轻时也把科考作为人生的奋斗目标,在20岁时考上了秀才。3年后他的父亲去世,他继承了一笔不小的遗产,但也从此改变了他的生活轨迹。他的族人觊觎他的财产,于是欺负他这一房势单力孤,蓄意侵占他的财产,甚至还发生过亲族冲入家中攫夺财产的事情。这场变故刺激了吴敬梓,使他看清了人情世态的炎凉,对家族产生了深深的厌恶和反抗情绪,并把这种情绪转化为对家产的肆意挥霍。他往来于安徽全椒老家和南京,过着声色犬马的生活,对于向他求助的人则慷慨解囊,随意散发钱财。短短几年他就把家产散尽,成为乡里有名的"败家子"和"反面教材"。而他几次乡试都没考上,又遭到族人和亲友的歧视,于是在33岁时,他离开家乡,搬到南京。在南京,他继续过着与文友酒友四方交游的生活,对仕途失去了兴趣,无意再进取功名。36岁时,安徽巡抚赵国麟推荐他进京参加"博学鸿词"科考试,他竟然装病不去。花光了家产之后,他的生活也陷入了贫困,主要靠卖文和朋友接济过活。晚年,他又客居扬州,直至53岁去世时,都一直过着清贫的生活。

从富裕到贫困的一生,使吴敬梓的思想经历了极大的变化,对于功名富贵有了和世人截然相反的看法。他生长在累世科甲的家族中,少年时跟随做官的父亲,有机会见识了许多官场的内幕。他一生时间大半消磨在南京和扬州两地,见惯了官僚豪绅、膏粱子弟、举业中人、名士、清客,从这些"上层人士"的生活中愤慨地看到官僚的徇私舞弊,豪绅的武断乡曲,膏粱子弟的平庸昏聩,举业中人的利欲熏心,名士的附庸风雅和清客的招摇撞骗。这些见识和人生经历,成了他创作《儒林外史》的动力和素材。

吴敬梓用了10~20年时间,在50岁时完成了这部中国文学史上最杰出的现实主义长篇讽刺小说《儒林外史》。在作品中吴敬梓把故事发生的时间安排在明朝中叶,但实际上反映的却是他所生活的所谓"康乾盛世"时期的社会现实。他借小说表达了自己反对科举、轻视功名富贵的思想,向读者展示出了在科举制度的毒害下,各类知识分子的精神面

中国小说入门寻味

貌,并对当时的官僚制度、人伦关系乃至整个社会风尚都做了无情的揭露与讽刺。

《儒林外史》现在刊行的版本共56回,由吴敬梓创作的原作应是55回,最后1回是后人添加上去的。书中一共写了270多个人物,除了士林中的各色人物外,作者还把高人隐士、医卜星相、娼妓狎客、吏役里胥等三教九流的人物也推上舞台,形形色色的人物组成了一幅幅社会风俗画。而小说最主要的成就是塑造了封建社会中各种典型的知识分子形象,其中最为我们所熟知的莫过于范进这个人物了。"范进中举"喜极而疯的故事,早已成了科举制度毒害知识分子最形象的说明。吴敬梓就是通过塑造的这些典型形象,抨击了科举制度对人们的麻醉与毒害,讽刺了那些利禄熏心、热衷功名的学子。可以说,吴敬梓对封建科举制度的批判达到了前所未有的深度。

吴敬梓是一位讽刺艺术的大师,他在继承中国古代讽刺艺术优秀传统的基础上加以创造,把中国古代讽刺艺术推向了前所未有的高度,他创作的《儒林外史》也是我国古代讽刺小说的典范。小说讽刺艺术的至高境界不是作者直接把自己的见解、褒贬说出来硬塞给读者,而是把褒贬通过人物行动和情节表现出来,虽不明说,但仍能让读者读出作者明确的立场和丰富深刻的思想来。而这就是吴敬梓在《儒林外史》中运用的艺术表现手法。这部小说在讽刺艺术上的成就,直接影响了近代的"谴责小说",而且对现代讽刺文学也有深刻的启发。

《儒林外史》的结构也很有意思。它虽说是长篇小说,但却没有一般长篇小说应有的连贯始终的人物和情节,而是由一个个相对独立的故事连环相套而成,前面一个故事说完了,引出一些新的人物,这些人物又成为下一个故事的主要角色。有的人物只出现一次,有的人物又会再次出现。小说的结构形式看来是松散了些,但它还是有明确的主题和时间线索的。可以说,在结构上,它是一部短篇小说和长篇小说相结合的奇特作品。《儒林外史》的这种结构体制对清晚期小说产生了很大影响,如《官场现形记》、《孽海花》、《海上花列传》等,都在结构上效仿了《儒林外史》。

　　《儒林外史》是我国文学史上一部杰出的章回体长篇讽刺小说,对中国近现代文学都有深刻的影响。从某种意义上说,《儒林外史》体现了批判现实主义的精神,晚清的四大"谴责小说"就是对这种精神的继承与发展。在现当代的小说中,如钱钟书的《围城》就被广泛认为有模仿《儒林外史》的痕迹。如今《儒林外史》已被译成英、法、德、俄、日等多种文字出版,成为一部世界性的文学名著。有的外国学者认为:这是一部讽刺迂腐与卖弄的作品,然而却可称为世界上一部最不引经据典、最饶诗意的散文叙述体之典范。它可与意大利薄伽丘、西班牙塞万提斯、法国巴尔扎克等人的作品相媲美。这样的评价《儒林外史》当之无愧。

一部说不尽道不完的"千古奇书"——《红楼梦》

　　两百多年前的清朝乾隆十九年(1754年)左右,《儒林外史》的作者吴敬梓客死扬州。而此时,在北方的天子脚下皇城北京,在士大夫圈子和上层社会中,一部没有写完的小说手抄本开始从这里流传开来,逐渐传抄到全国各地,甚至流布海外。到了嘉庆初年,市面上已经出现"遍于海内,家家喜闻、处处争购"的盛况,这部小说名叫《石头记》。三十多年后有人给它取了另一个名字——《红楼梦》。《红楼梦》在当时有多火呢?清朝一位叫得舆的诗人在一首诗中是这样说的:"开谈不说红楼梦,读尽诗书是枉然。"《红楼梦》与《三国演义》、《水浒传》、《西游记》并列为中国古典小说"四大名著",但它与其他三部小说却有很大的不同,它不是在前人史传、话本、传说的基础上加工而成的,而是一部完全由作者独立创作的,以自身大家族和个人经历为背景的长篇小说,它在艺术上的精致完美超越了其他三部小说,达到了中国古典长篇小说的巅峰。不仅如此,《红楼梦》也代表了中国古典小说的最高成就。两百多年过去了,这座高峰至今仍然只能仰望而未被超越。

　　"满纸荒唐言,一把辛酸泪。都云作者痴,谁解其中味?"《红楼梦》

中国小说入门寻味

的作者曹雪芹在书的第一回里用这首诗道出了一个孤独作者的辛酸与悲凉。《红楼梦》的产生与曹雪芹的身世密不可分。现存的各种资料中关于曹雪芹的记载很少,我们从中只能看到他一个模糊的身影。曹雪芹,名霑,字梦阮,雪芹是他的别号。他另外还有芹圃、芹溪等别号。关于他的生卒年,专家们已经争论了几十年。他的生年,有人认为是康熙五十四年(1715年),也有人认为是雍正二年(1724年)。他的卒年,有乾隆二十七年(1763年)或次年除夕的说法,也有乾隆二十九年(1765年)初春的说法。根据现有的资料推断,曹雪芹出生在康熙朝显赫一时的江南曹家。曹家的祖上是汉人,明朝的时候迁居到辽东,后来编入了满洲正白旗。清军入关时,曹雪芹的高祖曹振彦立过军功,后来曹家成为专门为宫廷服务的内务府人员。曹家为什么能显赫

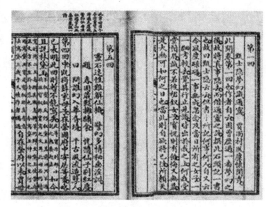

脂砚斋评点本《石头记》

一时呢? 据说曹雪芹的曾祖母做过康熙的保姆,祖父曹寅做过康熙的伴读。也许因为这一层特殊的关系,使曹家得到了康熙皇帝特别的信任和眷顾。曹家从曹雪芹的曾祖父曹玺开始连续三代人担任江宁织造的职务(江宁即现在的南京,织造是清代负责督办织造宫廷丝织品的官员),前后长达六十余年。江宁织造的官职级别并不高,但它控制着江南的丝织业,是个富得流油的肥差。同时,江宁织造实际上又是康熙派驻在江南的私人耳目,担负着为皇帝督查当地军政民情的任务,绝对是皇帝的心腹。有一件事最能说明曹家在康熙朝非同寻常的富贵和权势。康熙一生中六次下江南,其中有四次都是由曹寅接驾,住在他的江宁织造府。曹雪芹就是出生在这样一个名门望族之家。康熙末年诸皇子争夺皇位的宫廷斗争异常激烈,最后四阿哥胤禛(后来的雍正帝)取得了最后的

胜利。为了巩固自己的地位,他需要排除异己,也包括肃清其父亲的内外亲信,因此,曹家成为新皇帝打击的对象之一。大概在曹雪芹13岁或者更小的时候,他的父亲曹頫因织造亏空案被革职抄家下狱,全家从南京迁回北京,从此家道衰落,一蹶不振。到乾隆初年的时候又发生了一次详情不明的变故,曹家从此彻底败落,曹家子弟也沦落到社会底层。落魄后的曹雪芹在宗族学堂打过工,还常常要靠卖画才能维持生活。人到中年时,他流落到北京西郊的一个小山村,穷到举家食粥,常不得饱食的地步。也就是在那儿,他创作出了《红楼梦》这部不朽的经典。穷困潦倒偏又祸不单行,中年得子的曹雪芹又经历了幼子夭亡的打击,伤心过度,最后因贫病无医而去世,终年不到50岁。他倾尽10年,增删5次的《红楼梦》这时还没有最终完成,只留下前80回定稿,给后世的读者留下了无尽的遗憾。

这种人生剧变的经历不是一般人可以体会到的。饱经沧桑的曹雪芹对社会、对世情有了不同寻常的深切感受,创作小说让他郁结在心中的情感找到了宣泄的途径。有人说,《红楼梦》其实就是曹雪芹的自传,贾宝玉就是他自己的写照。书中的贾家就是现实中的曹家,而书里那些纯洁善良,却又命运可怜可叹的红楼女子们都是有现实原型的人物。姑且不论这些说法是否完全正确,至少这些说法让我们了解到,曹雪芹的人生经历和他天才的文学才华相结合才造就出了这部说不尽、道不完的"千古奇书"《红楼梦》。

根据专家考证,曹雪芹在去世前已基本完成了《红楼梦》全书,而且当时有不少人都读过。但这些书稿实在是命运多舛,似乎在全书完成不久,或者在完成过程中,八十回之后的手稿断续地被人借阅后就谜一样地不见了,以至于我们现在只能看到一本残缺的《石头记》和一部后人补缺的《红楼梦》。一部小说的命运竟然如此坎坷曲折,就是在世界文学史上恐怕也很难找到第二个。

《红楼梦》先是在曹雪芹的亲友圈中传阅,然后再传抄扩散,风靡全国,因此形成了各种各样的版本。最早流行的手抄本,即八十回的《石

头记》，这种版本附有署名"脂砚斋"的评语，后来就被称为"脂本"。"脂砚斋"应该是和作者关系很近的一位亲友的笔名。现存的"脂本"就有十几种本子。在这种版本流行了三十多年之后，乾隆五十六年（1791 年），市面上开始出现一百二十回的活字排印本，名称也改题为《红楼梦》。因为排印这个版本的人叫程伟元，所以称为"程本"，其中初次排印的称为"程甲本"，次年重新修订再印的称为"程乙本"。这就是现在刊行的《红楼梦》。"程

曹雪芹雕像

本"中出现的后四十回是由其他人续写的。一般的观点认为，续写的人是高鹗，但是也有人认为续者另有其人。不管后四十回的作者是谁，都远远没有达到前八十回的艺术高度，但我们仍然要感谢这位作者，他至少让我们看到了一个相对完整的红楼故事。

都说《红楼梦》是"千古奇书"，和前代以及同时代的小说相比，《红楼梦》如鹤立鸡群，有太多的与众不同。它在艺术上达到了中国小说前所未有的成就。鲁迅曾评价说："自有《红楼梦》出来以后，传统的思想和写法都打破了。"

《红楼梦》的主线是贾宝玉、林黛玉与薛宝钗之间的爱情婚姻悲剧，同时作者又将这个悲剧置于金陵贵族名门贾、史、王、薛四大家族由鼎盛走向衰亡的过程这一背景下，不仅歌颂了贾宝玉、林黛玉的叛逆精神和对美好爱情的勇敢追求，而且揭露、批判了以贾母、贾政和王夫人等为代表的封建力量对这种精神的压迫、摧残。与此同时，小说中四大家族由盛而衰的过程，也让读者看到了封建贵族家庭腐朽糜烂、骄奢淫逸的生活和他们对劳动人民的残酷剥削，看到了封建吏治官官相护、草菅人命的黑暗和腐败，以及封建制度走向灭亡的必然趋势。《红楼梦》的开篇说了一个神瑛侍者和绛珠仙子的神话故事，这个看上去像是神话小说一

样的开头不过是作者借用了一下古代小说的常用手法而已,在整部小说中,所有的情节都是在贾府这个封建贵族家庭中看似普通的生活场景里次第展开、交替推进,自然得没有一点造作的痕迹,但却能深深地吸引读者走进小说中的世界。这对习惯于在帝王将相、历史风云,或者民间传说,神话故事里寻找创作题材的中国古代小说而言,是一种对常规的突破。《红楼梦》里最吸引读者目光的主角们是大观园里的那些金钗女子。作者在塑造这些女性形象上倾注的感情,他对女性的尊重、赞美,以及对她们悲剧命运的哀悼,这在那个时代的小说中更是前所未有。如果说《红楼梦》是中国小说史上的王冠,那么它宏大而又精致的结构,深邃的思想内涵,各具特色的人物形象塑造,优美的诗词、语言等等也同样都是王冠上璀璨的宝石。即使是小说里那些古代民俗、典章制度、建筑、金石以及反映的社会图景在今天也有着不可替代的研究价值,因而《红楼梦》也被誉为"我国封建社会的百科全书"。

作者的身世、未完的残稿,让《红楼梦》自问世流传以来,就有说不完的故事、解不完的谜题,吸引着世人不断探索求解。有人用历史上或传闻中的人和事,去比附《红楼梦》中的人物和故事。比如,有人认为它是影射清初大学士明珠的家事,或认为是影射清朝顺治和康熙两朝的历史,甚至认为是影射董小宛和顺治皇帝的传说;还有人把它和提倡反清排满、阶级斗争联系起来;也有人专心于搜集有关曹雪芹家世、生平的史料和对各种版本进行考订。《红楼梦》书里书外留给世人太多的谜团和想象空间,以至于研究红楼梦成为一项专门的学问——"红学"。近百年来,据说加入过各种红学会的人,就有十万之多。依据不同的研究方向,还形成了考据派、索隐派、文本派,甚至还有"阶级斗争"派等等。

莎士比亚说,一千个人眼中有一千个哈姆雷特。《红楼梦》也是这样一本让一千个读者有一千种感触的不朽经典。红楼故事的中心简单地说是贾宝玉和林黛玉的爱情悲剧,喜欢言情小说的人可以把它当言情小说来读。而在宝黛爱情的身后是贾府这个奢靡的贵族家庭在腐朽中走向败落的过程,喜欢微言大义的人又可以从里面看出封建社会走向衰

中国小说入门寻味

亡的必然命运,并对其罪恶加以批判。而书中深刻的人生悲哀又总是能勾起读者内心莫名的伤感,久久不能散去。即使是对同一个读者来说,《红楼梦》在不同的人生阶段读来,也能品出不同的况味和感悟。《红楼梦》这本"千古奇书"值得每一位读者细细品味。

落寞文士的圆梦之书——《野叟曝言》

对于凡夫俗子来说,生活有时千篇一律,有时过于平淡无奇。而最无奈的是,每个人的人生路只有一条单行道,每个人的生活也只能在无数的可能中选择一种。所以,电影导演有时候是个特让人羡慕的职业,至少他们可以在电影中掌控一段不属于自己的人生,或者在镜头里经历一种比现实更精彩的生活。古人没有电影,但是,古人可以写小说,借助文字,他们也能导演一场理想中的完美人生。在这些古代的"导演"中,夏敬渠应该算是最有代表性的一个了。清代乾隆年间,既产生了《儒林外史》、《红楼梦》这样的文学艺术杰作,也涌现了大批长篇通俗小说,其中篇幅最长的一部,就是这位夏先生的《野叟曝言》。这部小说共 20 卷 154 回,约 140 万字,堪称我国古代文学史上篇幅最长的白话通俗长篇小说。

《野叟曝言》这个书名很容易让人联想到晚清时的长篇小说《老残游记》。这两本名字跟姐妹篇一样的小说,却是"环肥燕瘦"姿态迥异的两种类型。如果说《老残》是严肃写实,那么《野叟》就是闲话理想。《野叟曝言》这个名字是取自《列子》"野人献曝"的典故,作者自喻"野老无事,曝日闲谈"而已。小说中的时代背景设定为明代成化、弘治年间,小说的主人公姓文名白,字素臣,他文武双全,胸怀大志,是个"极有血性的真儒,不识炎凉的名士"。他见宦官擅权,奸僧怙宠,国事日非,于是游历天下。一路上他除暴安良,扶危济困,相继救得美貌才女璇姑、素娥和湘灵,后皆纳为侧室。入京城后,他为皇帝及皇子治病,显示出起死回生的医术,被东宫太子尊以师礼,钦赐翰林。他奉诏平定广西苗乱,大功告成时又闻京中景王谋叛,立即匹马入京救护东宫太子,赴山东莱府保驾皇帝,尽除奸党。东宫太子即位后,封素臣为华盖、谨身两殿大学士,兼吏、兵二部尚书,并将郡主许配给他为左妻。素臣平倭又建新功,天子加礼,号为素父,敕建府第,二妻四妾分居六楼。素臣于是大行其志,遂斥佛道,又东破日本,北平蒙古,南服印度,使拜佛之国皆崇儒术。素臣不仅功成名就,而且子孙满堂,各个皆是高官厚禄。小说结尾,文素臣四世同做一梦,梦见素臣与韩愈相等,列于圣贤行列。

这个故事看上去实在不可思议,故事的主人公简直就是一个超能英雄。作者为什么要不遗余力地塑造这么一个完美却严重脱离现实的人物呢? 说起来这其实就是作者夏敬渠人生梦想的寄托。据说主角"文白"二字,合起来就是一个"夏"字。

夏敬渠,字懋修,号二铭,他八十三年的人生经历了清代最鼎盛的康、雍、乾三朝。他本人便如书中的文素臣一般博学多才,不仅博通经史,而且旁及诸子百家、礼乐兵刑、天文算数之学,是个饱学之士。他自负才学,曾游历江苏、浙江、安徽、江西、山东、河北、陕西各省,结交当时的名公巨卿,然而他的满腹才学却没能帮助他在科场上一鸣惊人,反而屡试屡败,一辈子也没得到施展抱负的机会。他一生著述颇丰,除《野叟曝言》外,还有《纲目举正》、《浣玉轩诗文集》、《唐诗臆解》、《医学发蒙》等。《野叟曝言》是他的晚年之作,约成书于作者七十五岁前后。此时的他是个失意落寞的读书人,一生鏖战科场,直至白头还只是个秀才,于是便用小说来圆自己不曾实现的人生梦想。他以文白自况,把自己的满腹才学和生平的梦想都倾注在了文素臣身上,把他写成一个无所不能的英雄,不但事业飞黄腾达,而且家庭幸福,儿孙满堂,着实过了一把"圆梦"的瘾。

这部小说有天下"第一奇书"之称,它在围绕文素臣发迹而展开的情节中,将古今中外、天文地理、医卜星象、帝王将相熔为一炉,把历史小说、神魔小说、艳情小说、侠义小说合为一体,可谓一部包罗万象的封建社会百科全书式的作品,因此被鲁迅誉为"以小说见才学者"之首。但

这部小说在思想艺术上的成就历来评价不高。一是因为作者把主人公文素臣塑造成了美德懿行的化身，封建道德的楷模。他孝敬母亲，厚待晚辈，对朋友重义气，对弱者施以救援，诸多美德自始至终在他身上完美地体现出来。不仅如此，他还劝绿林好汉弃恶向善，劝风尘女子懂得廉耻，俨然是个代天宣化的道学先生。作者迂腐的思想、脱离现实的情节和不厌其烦的说教，反而使他极力塑造的主人公显得苍白无力。其二在于作者在书中极尽炫耀才学之能事，甚至把自己经史论著中的原文大段大段移入小说，至于医学、算学、自然科学方面的才学也在小说中滔滔不绝地卖弄，使作品显得冗长乏味，失去了小说艺术的魅力，对读者的耐性也是极大的考验。不过这部小说也并非一无是处，如果去掉那些喋喋不休的议论，小说的情节也有跌宕起伏、引人入胜之处。而且由于作者见闻广泛，阅历较深，小说对当时社会各地风土人情的描写也颇有些生动传神的神来之笔。不管评论家们如何褒贬，这部小说至少为今天的读者了解封建时代文人的心态、期盼、理想和追求提供了一个独特窗口。

失意文士的奇异历险——《镜花缘》

相信很多人在小时候就听过小人国的故事吧。这个故事出现在英国作家乔纳森·斯威夫特的《格列佛游记》里。格列佛是个在海船上工作的外科医生，一次船队不幸遇难，他一个人在海上漂流，先后经历了小人国、巨人国、飞岛、慧骃国的奇妙冒险，最终回到英国。这本创作于18世纪20年代的冒险小说，一直以来都因为书中人物在那些神奇国度的奇妙经历成为世界各地小朋友们的最爱。可是你知道吗，在《格列佛游记》问世差不多一个世纪后的清朝嘉庆年间，中国一个叫李汝珍的落魄秀才也写了一部长篇小说，讲述了一个失意秀才海外游历冒险的故事，其浪漫离奇的幻想一点也不输《格列佛游记》，这部与《西游记》、《封神演义》、《聊斋志异》一样闪耀着浪漫神话光芒的古典小说就是《镜花缘》。

　　书中的故事从女皇武则天废唐改周后的一个严冬说起。一日天降大雪，女皇醉酒之后一时兴起，下诏令百花盛开。不巧百花仙子出游未归，众花神无从请示，又不敢违旨不尊，只得开花。花神们此举违犯天条，被弹劾为"逞艳于非时之候，献媚于世主之前，致令时序颠倒"，于是玉帝就把百花仙子连同九十九位花神贬下凡尘。

　　百花仙子托生为秀才唐敖之女唐小山。唐敖赴京赶考，中得探花。此时徐敬业起兵讨伐武则天，有奸人陷害唐敖说他与徐敬业有结拜之交，因此被革去功名。唐敖对仕途感到心灰意冷，有了隐遁的心思，于是他抛妻别子，跟随妻兄林之洋、舵工多九公出海经商游历。他们路经三十几个国家，见识了许多奇风异俗、奇人异事、野草仙花、野岛怪兽，并且结识了由花仙转世的十几名德才兼备、美貌妙龄的女子。后来唐敖进入小蓬莱山求仙，从此不返。

　　唐敖的女儿唐小山思念父亲心切，逼林之洋带她出海寻父，游历各处仙境，来到小蓬莱。她从樵夫那里得到父亲的信，让她改名"闺臣"，去赴才女考试，考中后父女再相聚。唐小山改名唐闺臣回国应试。武则天开科考试才女，录取百人，唐小山也在其中。才女们相聚"红文宴"，各显其才，琴棋书画，医卜音算，灯谜酒令，人人论学说艺，尽欢而散。

　　唐闺臣再次入小蓬莱山寻父不返。此时徐敬业、骆宾王等人的后代又起兵反周，攻破长安城外武家军的酒、色、财、气四大迷魂阵，拥立中宗复位，武则天仍被尊为"大圣皇帝"。她又下诏，明年仍开女科，并命前科百名才女重赴"红文宴"。这百名才女正是被贬人间的百位花仙。

　　《镜花缘》全书共100回，前50回写唐敖等人出海游历各国及唐小山寻父的故事，后50回着重表现众女子的才华。全书最精彩的部分莫过于唐敖等人游历各国的奇异经历：在"君子国"，商人收低价售好货，国王严令禁止臣民献珠宝，否则烧毁珠宝并治罪；"大人国"里，人们脚下都有云彩，好人脚下是彩云，坏人脚下是黑云，大官因脚下的云见不得人而以红绫遮住；"女儿国"里林之洋被选为女王的"王妃"，被迫穿耳缠足；"两面国"里的人都长着前后两张脸，前面一张是笑脸，后面浩然巾

131

中国小说入门寻味

里则藏着一张恶脸，这些人都虚伪狡诈；"无肠国"里的人都没有心肝胆肺，他们个个贪婪刻薄；"豕喙国"中的人都撒谎成性，只要一张嘴，全都是假话，没有一句是真的……

和同时代的小说相比，《镜花缘》体现出作者很多新颖的思想，表达了自己对很多社会问题的看法，其中最重要的就是表现了主张男女平等的思想。"女儿国"的故事就是最生动的表现，作者把现实中"男尊女卑"的现象依样颠倒过来，"男子反穿衣裙，作为妇人，以治内事；女子反穿靴帽，作为男人，以治外事"。女子的智慧、才能都不弱于男子，从皇帝到辅臣都是女子。而整部

道光刻本《镜花缘》

小说以百名花仙投生人间、各有作为构成的故事框架也与作者的这一思想有关。此外，作者借想象中的"君子国"，表现了他的社会理想。"君子国"是个"好让不争"的"礼乐之邦"。这里的人民互谦互让，"士庶人等，无论富贵贫贱，举止言谈，莫不恭而有礼"，"耕者让畔，行者让路"。卖主力争少要钱，售出上等货；买主力争付高价，取次等货，彼此相让不下。小说以此来否定专横跋扈、贪赃枉法的封建官场和尔虞我诈、苞苴盛行的现实社会。

作者还以辛辣而幽默的文笔，借"各国人士"把金玉其外、败絮其中的冒牌儒生和现实中种种品质恶劣和行为不端的人大大地嘲讽了一把。如"白民国"的人装腔作势，不学无术而又唯利是图；"淑士国"的人举止斯文，满口"之乎者也"，但却斤斤计较，十分吝啬；"两面国"的人虚伪欺诈；"穿胸国"的人心又歪又恶；"翼民国"的人头长五尺，都是因为他们好听奉承；"结胸国"的人好吃懒做，因此胸前高出一块等等，真可谓是

极尽讽刺挖苦之能事。

小说的作者李汝珍,字松石,号松石道人。他自小多才多艺,少年时即从名师学习古代礼制、乐律、历算、疆域沿革等知识,学问渊博,并精通音韵,尤其对疆域沿革特别感兴趣,青少年时代就曾写过一本音韵方面的专著,名为《李氏音鉴》。李汝珍虽然博才多学,但他对考科举的八股文却颇为不屑,再加上他生性耿直,不阿权贵,不善钻营,因此他一辈子都没当上个像样的官,最大的官职也不过是个小小的县丞而已。中年以后,他感到谋官无望,于是潜心钻研学问。他涉猎的领域遍及经史之学以及医、算、琴、棋、星相、占卜等各种"杂学",甚至对各种游戏都很熟悉。他在晚年花费十几年写成的这部《镜花缘》便是吸取了《山海经》中的《海外西经》、《大荒西经》的一些材料,凭借丰富的想象、幽默的笔调进行再创造,运用夸张、隐喻、反衬等手法,创造出了这部结构独特、思想新颖的长篇小说。但是小说的缺点也很明显,其一是在人物性格刻画上显得贫弱,作者笔下的众位才女个性不够鲜明;其二是作者和《野叟曝言》的夏老先生一样,小说写着写着就陷入卖弄学问的自我陶醉之中,这一点在小说的后半部分中表现得尤为突出,难怪鲁迅评论此书说:"则论学说艺,数典谈经,连篇累牍而不能自已矣。"虽则如此,这部在中国古代小说中算得上独树一帜的奇幻小说仍然能让今天的读者充满好奇。古人脑子里究竟对这个世界都有些什么样的想象,还有他们都有些怎样的学问呢?这些问题你都可以在《镜花缘》里找到答案。

侠义在人间——《三侠五义》

上世纪90年代,有一部台湾电视连续剧《包青天》在大陆风靡一时。面如黑炭、脑门上有个月牙的包公、硬朗帅气的大侠展昭,还有一位儒雅的师爷公孙策组成的"办案三人组"成为一时的荧屏经典。"开封有个包青天,铁面无私辨忠奸,江湖豪杰来相助,王朝和马汉在身边"的主题歌也唱遍大街小巷。十几年后,电视里的原班人马再接再厉续写传

奇,这部前前后后拍了六百多集的电视剧似乎还有可能马拉松一样地继续拍下去。除了这部长寿的《包青天》,少年版、青年版的包公、展昭也不断现身各种电视剧。我们可以质疑电视编剧们不断旧题翻新有江郎才尽之嫌,但是我们不能否认包公在中国民间所具有的广泛群众基础。

早在北宋时期,包公的故事就开始在民间流传,此后包公就是话本、小说、戏曲里的常客。历史上真实的包拯从无数民间传说和文艺作品中走来,经过不断明晰的角色定位和形象包装,终成了面黑如炭、铁面无私、清廉正义的化身——"包青天"。在众多的包公故事中,这位铁面判官的身边还活跃着一群江湖豪杰——南侠展昭、北侠欧阳春、钻天鼠卢方、彻地鼠韩彰、穿山鼠徐庆、翻江鼠蒋平、锦毛鼠白玉堂等。这些江湖豪杰和包公一起成为很多现代戏曲、电视、电影里的经典形象,而追根溯源,他们都和清末流行的侠义小说《三侠五义》沾亲带故。清代后期的长篇小说虽然没能再出现《红楼梦》那样的辉煌,但大量刊行的通俗小说却润物无声地影响着后世的小说、戏曲,这其中《三侠五义》就是一个最好的例证。

说起这本《三侠五义》,首先不得不说它的作者石玉昆。古代大多数小说的作者都是饱读诗书的失意文人,但石玉昆却和他们都不一样。他不是文人,而是咸丰、同治年间一位说书的大腕儿。传说石玉昆幼年时在礼王府内书房当差,伺候礼亲王昭梿。昭梿雅好诗书,喜欢结交文士,石玉昆也耳濡目染,深受影响。中年时,他成为内书房领班、王府包衣,为亲王太福晋讲说《封神榜》、《西游记》、《鼎峙春秋》等传奇小说解闷。为了更新书目,他采撷故书传闻,以明人的短篇公案小说集《龙图公案》(又名《包公案》)为蓝本,改编成长篇的说书底本。书中的各色人物,据说是受到府内藏画及差役们姓名、性格的触发而编就的。老年时石玉昆辞职回家,成为职业说书人。道光、咸丰至同治年间,他常应北京各宅第和汇丰、广泰、长义、天汇等各书茶馆之邀,说唱《龙图公案》,闻者趋之若鹜,并有人边听边记。现存清代蒙古车王府藏子弟书钞本《评昆论》中有一段记载了石玉昆当年在一家杂耍馆中演出的盛况:"高抬身价本超群,压倒江湖无业民,惊动公卿夸绝调,流传市井效眉颦。编来宋代《包公案》,成就当年石玉昆,是谁拜赠先生号,直比谈往绛帐人";"曾到过关闭多年杂耍馆,红牌斜挑破园门,多人出入如蜂拥,我暗猜疑听书何必往来频? 进园门一望院中车卸满,到棚内遍观茶座过千人。"据清末民初单弦牌子曲名宿德寿山说,当时石玉昆的身价很高,各王公府第都经常约他去,每唱一腔,三个小时要二十两银子。即便如此高的出场费,石玉昆仍是应接不暇,每月常常要有二三十处约他说唱。

作为说唱底本的《龙图公案》有很多唱词,后来石玉昆在这个底本的基础上,将唱词删去,增饰为小说,题名《龙图耳录》。光绪年间,又加以修改润色,更名为《忠烈侠义传》,也就是《三侠五义》。清末著名学者俞樾认为此书第一回"狸猫换太子"的故事过于荒诞不经,于是"援据史传,订正俗说",重撰了第一回。他还在原书"三侠"即南侠御猫展昭,北侠紫髯伯欧阳春,双侠丁兆兰、丁兆蕙的基础上,增加了小侠艾虎、黑妖狐智化、小诸葛沈仲元一共七人为七侠,并保留了五鼠仍为五义士,改书名为《七侠五义》,所以这部小说如今有《三侠五义》、《七侠五义》两种版本流传于世。

《三侠五义》前半部分以包公断案的故事为主线,陆续引入三侠以及五鼠。他们原来都是江湖豪杰,后被包公的忠义所感化,成为他辅佐朝廷、为民除害的得力助手。后半部分主要写侠客们帮助巡按颜查散(《七侠五义》中改为颜眘敏)查明襄阳王谋反的事实,并翦除其党羽的故事。书中穿插了大量侠客们的活动,既有路见不平、拔刀相助的正义行为,也有侠客之间的恩怨纠葛。《三侠五义》中的包拯形象,多取材于民间传说,并加以虚构,甚至还沿袭了一些荒诞迷信的成分,与历史上真实的包拯已经相去甚远。但作为一部传奇色彩浓厚的小说,包拯不畏强暴、刚正嫉恶、处事干练的形象却还是相当饱满的。

《三侠五义》里的故事为之后的各类戏曲贡献了不少题材。如京剧《打銮驾》、《遇皇后》、《北侠除霸》、《打龙袍》、《五鼠闹东京》等,都是演绎《三侠五义》的故事。《三侠五义》情节纷繁曲折而又条理清晰、语言

通俗,保留了宋元以来说书艺术生动活泼、直接明快的特色,对以后的公案小说产生过广泛的影响。《三侠五义》之后,不仅出现了《小五义》和《续小五义》等一系列续书,还涌现出《彭公案》、《续彭公案》等模仿跟风的公案小说。

《三侠五义》不仅引领了一代公案小说的风潮,更为重要的是它还开辟了武侠小说的新天地。作为中国最早出现的真正意义上的武侠作品,《三侠五义》对中国近代武侠小说影响深远,称得上是武侠小说的开山祖师,各类武侠题材的文学作品也从此掀起了高潮。我们经常在武侠小说中读到的什么点穴、暗器、剑诀、刀法、轻功等武功技击之术,以及闷香、百宝囊、夜行衣、人皮面具等江湖手段都是由这部小说创造发明的。《三侠五义》一出,武侠公案小说盛极一时。到了民国,《三侠剑》、《雍正剑侠图》等武侠小说纷纷问世,不少知识分子也投入武侠小说创作之中,出现了很多脍炙人口的佳作,比如王度庐的《卧虎藏龙》,还珠楼主的《蜀山奇侠传》等。一直到20世纪五六十年代港台的金庸、梁羽生、古龙的武侠小说也都受到了它一定程度的影响,这部小说对中国武侠小说发展的巨大贡献由此可见一斑。

才子与侠女的邂逅——《儿女英雄传》

婚姻,是中国人最重视的终身大事,因此我们也就不难理解,以婚恋为题材的小说在中国小说漫长的历史进程中无所不在的牢固地位。从六朝志怪,到唐人传奇,再到宋元话本,乃至明清的长篇章回,都可以看到在封建礼教束缚下,人们对婚姻爱情自由的炽烈追求从来没有停歇过。男女婚恋的言情小说在不断的发展中也在不断扩充领地。当人们看腻了才子佳人的固有模式之后,晚清一位不甘落寞的八旗子弟受前人作品启发,把儿女情长和英雄侠义撮合到一起,写了一部四十回的长篇小说《儿女英雄传》,不经意间就在《三侠五义》开创的公案模式之外,为武侠小说开辟了另一条刚柔相济的言情路线,并且在后来的武侠小说创作中历久不衰。

《儿女英雄传》原名《金玉缘》，自清光绪年间刊行以来，便广为读者所喜爱。小说作者署名"燕北闲人"，其真名为文康，姓费莫氏，是清朝名将、大学士勒保的次孙，满洲镶红旗人。作为一位贵族世家的子弟，他少年时家门鼎盛，但到了晚年家道中落，以至于家中物品变卖殆尽。文康当时独居一室，仅有笔墨相伴，他有感于世运变迁、人情反复，因而提笔写小说，聊以"自遣"。文康的个人经历与《红楼梦》作者曹雪芹的遭遇十分相似，鲁迅就此曾评论说："荣华已落，怆然有怀，命笔留辞，其情况盖与曹雪芹颇类。惟彼为写实，为自叙；此为理想，为叙他。"文康没有曹雪芹那种深刻的人文关怀和超拔凡俗的审美情思，而只是一个封建道德伦理规范下的世俗之人，他写此书的目的不过是想借小说表达自己的封建理想而已，因此，难免使这部小说带有浓重的封建道德说教意味，而故事情节也脱不了玉堂金马、夫荣妻贵的俗套。文康不喜欢《水浒传》起义英雄的"好勇斗狠"，更看不惯《红楼梦》，将之歪曲为"谈空谈色，半是宣淫"。他提出的"儿女英雄"的标准是，英雄与儿女不可分，忠臣孝子才是英雄，他们对君、对父的忠孝之情才是儿女至情，"有了英雄至情，才成就得儿女心肠；有了儿女真情，才作得出英雄事业"。他写这部小说是要"作一场儿女英雄公案，成一篇人情天理文章，点缀太平盛世"。文康根据这种封建伦理道德而写的这部"儿女英雄"传记，表现了他对封建制度寄予的不切实际的幻想。但是，作者波折的生活经历使这部小说仍不失为一部深于人生阅历的作品，加上他高超圆熟的艺术手腕，将侠义、公案、言情小说熔于一炉，倒也雅俗共赏。

小说假托康熙末年、雍正初年"京都一桩公案"：清康熙、雍正时，清官安学海遭贪官陷害，其子安骥变卖家产只身前往赎救。安骥夜宿能仁寺中，不料遭人算计，幸得侠女十三妹相救。同时被救的还有村女张金凤，二人经过十三妹撮合，结为夫妇。十三妹原名何玉凤，其父中军别将何杞被大将军纪献唐所害，玉凤因此隐姓埋名避居他乡，待机复仇。安学海为报十三妹之恩，四处寻访，得知十三妹就是故交何杞之女。他告

诉何玉凤纪献唐已被皇帝处死。玉凤自念父仇已报,母又去世,自己无处可去,便欲出家,却被张金凤等人劝阻,最后也嫁给了安骥。安骥得两个妻子之助,考中探花,连连高升,位极人臣;张、何各生一子,全家享尽荣华富贵。

虽然《儿女英雄传》的思想立意不高,但必须承认作者文康是个写小说的高手。他在这部小说中采用了市井细民喜闻乐见的评话形式,娓娓道来,还不时忙中偷闲地从旁插话,点明筋节,或者插科打诨,妙趣横生。小说的结构也在他笔下翻新出奇。他善用伏笔,巧设悬念,将小说主人公十三妹的行动写得云遮雾罩,藏头露尾,似"神龙破壁腾空去,夭矫云中没处寻",直到第19回才道破她的真名实姓,完全打破了开门见山、平铺直叙的套路。作者深厚的写作功力也体现在小说对世态人情的描摹和人物刻画上。官场的鬼蜮横行,下层社会的光怪陆离,悦来老店、天齐庙会的喧阗扰攘,以及当时的各种典章礼俗都被作者写得细腻真切。如首回中,科场蹭蹬的五旬老翁安学海赴考、候榜前的光景,写得笑中有泪,其笔墨丝毫不逊于《儒林外史》。而作者笔下的人物也形象鲜明:十三妹,心高气傲,豪爽天真,口角锋利逼人,又带几分诙谐风趣;安学海忠厚善良而不免迂腐;张金凤内刚外柔而心思周密;邓九公豪爽拙直;张老夫妻又怯又土,各具神韵。

这部小说也以极富特色的语言著称于世,书中大量采用北京方言,开创了地道京味小说的先河。书中不论叙事语言还是人物语言,都写得鲜活,于俗白中见风趣、俏皮中传神韵,常常令读者忘却了其创作思想的迂庸肤浅,而陶醉于精彩的语言所带来的愉快之中。胡适曾赞扬道:"他的特别长处在于言语的生动,漂亮,俏皮,诙谐有风趣。"小说中的人物对话尤其传神,文康一定是仔细揣摩过生活中各色人物的口气、姿态以及心理活动,因此才能将人物的对话写得人有其声、声有其态。可以说,这部小说将中国古代白话小说的语言之美展现得淋漓尽致,就凭这一点,这部小说也值得一读。

晚清官场的漫画群像——《官场现形记》

晚清光绪二十九年(1903年)九月的上海,一张风月小报《世界繁华报》开始连载一部名为《官场现形记》的长篇章回小说,由此拉开了晚清"谴责小说"登场的序幕。这部以《儒林外史》的结构形式为模仿对象的小说,用串珠似的小故事描绘出当时官场的种种腐败、黑暗和丑恶内幕,而且多是真人真事。小说一经问世就像蝴蝶煽动了翅膀,很快从市井风行到官场,甚至惊动了远在北京紫禁城里的慈禧老佛爷。出于对这本让朝廷官员们都争相传阅的小说的好奇,慈禧命人也找了一本来看。这一看可不得了,太后老佛爷被气得七窍生烟:大清朝的政令倒行、法纪废弛原来就是坏在这帮不争气的官员身上!一怒之下,慈禧便把这本《官场现形记》当成了惩办官员的黑名单,按图索骥,予以查办。那些被查办的官员们在争相传阅这本小说的时候,如果知道日后这本小说成了他们贪赃枉法、为非作恶的"检举材料"的话,不知还会不会看得那么津津有味。

《官场现形记》是我国第一部在报刊上连载、直面社会而取得轰动效应的长篇章回小说,它的作者就是《世界繁华报》的创办人李宝嘉。19世纪90年代的中国正处在一个内忧外患的时代:帝国主义加紧侵略,以慈禧太后为首的清朝统治者卖国求荣,腐败反动。中日"甲午战争"失败,"戊戌变法"被扼杀,"八国联军"入侵北京,清朝一面对帝国主义奴颜婢膝,割地赔款;一面对人民大众加重剥削,残酷镇压。古老的中国一步步滑向亡国的边缘,国人对腐败的清政府完全丧失了信心。与此同时,苟延

李宝嘉像

中国小说入门寻味

残喘中的清政府对国家社会的控制能力也越来越弱。在这样的情况下，小说界出现了大量抨击时政、揭露官场阴暗和丑恶的作品。这类作品后来被鲁迅称为"谴责小说"。《官场现形记》便是这批"谴责小说"中的代表，它首开近代小说批判社会现实的风气，与《老残游记》、《二十年目睹之怪现状》和《孽海花》一起，被称为"晚清四大谴责小说"。

小说从中举捐官的下层士子赵温和佐杂小官钱典史写起，联缀串起上至军机大臣、总督巡抚、提督道台，下至知县典吏、管带佐杂等形形色色的官僚。这些大大小小的官僚胥吏，为了升官发财，无不蝇营狗苟，迎合、钻营、蒙混、罗掘、倾轧，极尽卑污苟贱之能事。军机大臣华中堂在京城开了个古董店，其实就是专门经营买卖官缺的生意。一个旗员出身的兵部堂兼内务府大臣，被派赴江浙任查办重大案件的钦差，就是因为在京里苦了许多年，而被"上头"有意照应去捞钱。这个钦差到浙江后，很快就捞到两万两银子的贿赂。所以连慈禧太后也不得不承认，"通天底下一十八省，哪里来的清官"。这部小说为中国封建社会崩溃时期腐朽丑陋的官场勾勒出了一幅历史画卷，也用漫画式的笔调绘就了一幅活灵活现的"清末官僚百丑图"。据说书中所写的大多实有其人，只是改易姓名而已。胡适曾在为此书做的序言中说，就大体而言，《官场现形记》里大部分的材料可以代表当日官场的实际情形，如华中堂实为荣禄，黑大叔即是李莲英。今天看来，小说中的某个有名有姓的人物未必就是完全影射某一个人，而可能是包括这一个在内的几个实有人物的集合。但作者对于清末社会的黑暗，官场中的腐败洞若观火，并以作家特有的敏锐和深厚功力将他们的丑恶形象和肮脏灵魂暴露无余，同时，也将满腔激愤潜移默化地传递给读者，引起读者的共鸣。但是，在阅读这本小说的时候，我们也应该注意到，作者所用的漫画式的笔调，夸张有余，而真实感不足，书中所写的官员没有一个是好人，而且几乎全部坏到没有人性的地步。这样写固然可以迎合读者对清政府的深恶痛绝，让他们读过之后感到痛快淋漓，但社会的复杂性和人性的复杂性却因此被处理得过于简单化了。而且受限于作者的生活经历，这部小说善于写"佐杂小官"，胡适在《官场现形记序》中便直言不讳地说其"写大官都不自然"，书中那些大官的故事，大概多出于社会传闻，其真实性是要大打折扣的。

《官场现形记》在《世界繁华报》上连载了两年，共60回。在连载的过程中，世界繁华报馆分5编（每编12回）陆续将小说刊印成单行本。或许是小说太畅销了，盗版也随之而来。在李宝嘉生前，上海就开始出现《官场现形记》盗版。李宝嘉逝世后，盗版翻印更加猖獗，以至于最后闹上了公堂。后来经过上海会审公堂的审理调停，判决了版权归属，翻印的书馆付了三千元的版权购买费作为代价。《官场现形记》不仅创造了一个畅销小说的奇迹，而且也创造了一个中国版权保护史上的第一。

时代见证者的自叙传——《二十年目睹之怪现状》

"晚清四大谴责小说"中的《二十年目睹之怪现状》最早连载于梁启超主编的《新小说》，全书共一百零八回。与《官场现形记》聚焦官场黑暗不同的是，这部小说把视线扩大到了晚清社会，反映的社会层面更为宽广。

《二十年目睹之怪现状》可以说是作者吴沃尧的自传。吴沃尧，字趼人，因家住广东佛山，自号"我佛山人"。他出身于一个破落的世宦之家，二十多岁时就来到上海，常为报纸撰稿。他曾在江南制造军械局当抄写员，后来客居山东，远游日本。1902年梁启超在日本横滨创办刊物《新小说》，吴沃尧便从那时起开始小说创作。光绪三十年（1904年），他去汉口任美国人办的《楚报》主编。此时全国掀起反对美国的"华工禁约"运动，他激于爱国义愤，毅然辞职回到上海。在上海期间，他担任过《月月小说》的主编，他的大部分作品都是在这本刊物上发表的。他同时又为《绣像小说》撰稿，有《瞎骗奇闻》八回，并有续李伯元的《活地狱》问世。宣统二年（1910年）他病死于上海，终年44岁。吴沃尧算是一位多产的作家，在他短暂的一生中，所创作的小说有《痛史》、《九命奇冤》、《电术奇谈》、《恨海》、《劫余灰》、《新石头记》等30余种，其中最有

名的就是这部《二十年目睹之怪现状》。

小说所描写的是 1884 年中法战争到 1904 年前后这 20 年间，主人公所见所闻的中国社会的种种怪现状。作品所谓的"怪现状"主要指的是：官场的贪污受贿、营私舞弊；官僚的卑鄙龌龊、道貌岸然、畏敌如虎、卖国投敌等，而重点在于揭露官场的腐败。同时，对封建家庭的骨肉相残、亲朋同事间的尔虞我诈，也作了淋漓尽致的描写。

小说全书采用第一人称，主人公自号"九死一生"。小说从"我"为父奔丧开始直到经商失败为止，以此为线索，串联起"九死一生"在这二十年来的所见所闻，展示了一幅清王朝崩溃前夕的社会画卷，并从侧面描绘了帝国主义对中国的疯狂侵略。书中"九死一生"自我介绍说："只因我出来应世的二十年中，回头想来，所遇见的只有三种东西：第一种是虫蛇鼠蚁，第二种是豺狼虎豹，第三种是魑魅魍魉。"作者的笔锋触及了相当广阔的社会生活面，上自部堂督抚，下至三教九流，举凡贪官污吏、讼棍劣绅、奸商钱虏、洋奴买办、江湖术士、洋场才子、娼妓娈童、流氓骗子等，小说所反映的社会生活范围相比《官场现形记》更为广阔，刻画的人物也更丰富了一些，既有大量的反面人物，也有九死一生、蔡侣笙、吴继之等几个正面人物。小说富有特色的部分是对封建家庭的罪恶与道德沦丧的暴露。在拜金主义狂潮的冲击下，旧式家庭中骨肉乖违，人伦惨变，作者以犀利的笔锋直抉那些道貌岸然的正人君子的丑恶灵魂。"九死一生"的伯父子仁就是一个典型的凉薄无行的伪君子。他堂而皇之地吞没亡弟万金遗产，谋夺孤侄寡娣的养命钱，几乎令"九死一生"流落街头。宦家子弟黎景翼为夺家产，逼死胞弟，又将弟媳卖入娼门。吏部主事符弥轩，高谈性理之学，却百般虐待将他自襁褓抚养成人的祖父。书中着墨甚多的苟才，也被他的亲子龙光勾结江湖草医害死。旧家庭中的深重罪孽，令人毛骨悚然。作家揭发官场黑幕，亦颇重从道德批判切入，直斥"这个官竟然不是人做的，头一件先要学会了卑污苟贱"。贯穿全书的反面人物苟才，便是这种"行止龌龊，无耻之尤"的典型。他夤缘苟且，几度宦海沉浮，为求官星照命，竟将如花似玉的寡媳献与制台大人。此外，书中对于清末官吏的庸懦畏葸、恐外媚外，也有相当生动的刻画，体现了作家的爱国义愤。小说还万花筒似地展示了光怪陆离的社会龌龊诸相，其中作家揣摩最为透熟的则是"洋场才子"。这些浮薄子弟，徙倚华洋二界，徜徉花国酒乡，胸无点墨，大言炎炎，笑柄层出，斯文扫地，充分显示了畸形社会中一部分知识分子的空虚和堕落。

　　这部小说在广泛揭露了清朝末年半殖民地半封建社会的黑暗现实的同时，也反映了作家的追求与幻灭的心路历程。书中着意刻画的那些正面人物，便是寄托着作家的理想和追求。吴继之由地主、官僚转化为富商，是我国小说中最早出现的新兴资产阶级形象。他与"九死一生"所经营的大宗出口贸易，曾经兴旺一时，足以睥睨官场群丑，体现了社会价值观念的变化。然而作者笔下商场人物的心理仍然没有脱离旧式的观念，作家着力刻画的是他们的义骨侠肠，彼此间肝胆相照的深情厚谊，却缺少商业资本弄潮儿的气质，他们最后的破产则反映了半封建半殖民地的中国社会中新兴资产阶级的命定归宿。书中正面人物无例外地被人欲横流的尘嚣浊浪所吞没，"实业救国"、"道德救国"——破产，体现了作家"救世之情竭，而后厌世之念生"（李葭荣《我佛山人传》）的心灵搏斗历程。

　　作为吴沃尧成就最高的作品，这部小说突出地体现了他的艺术风格：笔锋凌厉，庄谐杂陈，辛辣而有兴味。如苟才初次亮相，他那如瓶泻水般的谈吐，旁若无人的意态，寥寥数笔，跃然纸上。小说采用第一人称的叙事方式，在中国小说史上也是别开生面的首创。但小说的缺点也是十分明显的，那就是取材有过于庞杂之嫌，而且失于夸张。如作者以一些不近情理的描绘来批判社会统治阶层的道德问题，反而削弱了作品的可信度。鲁迅在《中国小说史略》中对其进行了精当的评价："作者经历较多，故所叙之族类亦较夥，官师士商，皆著于录……惜描写失之张皇，时或伤于溢恶，言违真实，则感人之力顿微，终不过连篇话柄，仅足供闲散者的谈笔之资而已。"鲁迅先生特别重视生活的真实与艺术的真实，《二十年目睹之怪现状》、《官场现形记》等小说中存在的夸张失实的毛

中国小说入门寻味

病的确犯了写实文学的大忌，这也是这类小说无法成为真正伟大作品的重要原因之一。

洞察时弊的泣血之作——《老残游记》

话说一个世纪前，北京城里一个叫连梦青的人，他有两个朋友，一个是在朝廷任职的沈虞希，另一个是在天津办报纸的方药雨。义和团之乱后，有一次，沈虞希偶然把宫中一些不可告人的内幕透露给了方药雨，很快这些内幕消息就见诸报端。这次泄密事件让慈禧大为光火，她立即要求严厉查办。最后，泄密的沈虞希被朝廷杖毙，而且和案件相关不相关的人都受到株连，连梦青也是其一，他不得不仓皇逃到上海，隐居于上海租界。此时的连梦青家财尽失，无以为生，但他生性孤傲不愿受人资助，只能靠卖文章艰难糊口。他有一位叫刘鹗的朋友想帮他，但又很清楚他的性情，于是就动笔写了一本小说送他，让他拿去发表以增加些稿费收入。这部为了助人为乐而写的小说就是"四大谴责小说"中的《老残游记》。

刘鹗这本《老残游记》虽说写作"动机不纯"，但也不是随便而为的游戏之笔。在这部小说里，他寄托了自己对于国家颓败，以及个人理想幻灭后的复杂感情和深刻认识。刘鹗以"洪都百炼生"为笔名，在书中自叙："吾人生今之时，有身世之感情，有国家之感情，有社会之感情，有宗教之感情，其感情愈深者，其哭泣愈痛，此洪都百炼生所以有《老残游记》之作也。棋局已残，吾人将老，欲不哭泣也得乎？"由此可知，《老残游记》既是当时中国社会的缩影，也是刘鹗一部以文字代替哭泣的呕心沥血之作。

人生的经历是刘鹗创作这部小说的源泉。刘鹗祖籍江苏镇江，原名梦鹏，又名孟鹏，谱名振远，字云抟、公约，又字铁云。他的父亲是咸丰二年（1852 年）进士，曾任翰林院庶吉士、编修、道台等职。出身于这样一个官宦家庭，刘鹗却不像那个时代通常的"官二代"那样热衷科举，求取功名,而是个不走传统士大夫旧路的奇人。他从小聪颖过人,得名师传授学业,能够过目成诵,但他不喜欢八股文章,又有强烈的求知欲,因此涉猎广泛:治河、天算、乐律、辞章、中医、儒经、佛典、诸子百家,甚至对西洋科学和基督教都很有兴趣。他个性放旷不拘,见识也不同于流俗,观察时事尤其犀利。他早年曾在扬州行医,后改行经商,在江苏淮安开过烟草店,在上海开过书店,但都因经营不善而倒闭。光绪十四年(1888年)郑州的黄河决口,他投效河督吴大澄、山东巡府张曜协助治河,后因治河有功,声誉大起,被保荐以知府任用。他是一个身体力行提倡实业救国的实业家。他曾经上书建议修筑铁路,利用外资开采山西煤矿,兴办实业以利民生。但他的良苦用心却不为当时的世人理解,被斥责为汉奸。光绪二十六年(1900年)义和团事起,八国联军入侵北京,太仓粟(京师官方谷仓里的粮食)被俄国兵占据,他以低价向联军购得太仓粟赈济饥民,却因此被控私购太仓粟,流放新疆。在乌鲁木齐一座寺庙的戏台底下,他靠为人治病度日,最后病死于迪化(今乌鲁木齐)。刘鹗一生致力于实业救国却屡屡失败,但在治河和治学方面倒是颇有成绩。他在古文字收藏与研究方面也很有造诣,是我国甲骨文收藏和研究的先驱,出版了我国第一部甲骨文书籍《铁云藏龟》。除小说《老残游记》外,刘鹗还著有天算著作《勾股天元草》、《孤三角术》,治河著作《历代黄河变迁图考》、《治河七说》、《治河续说》,医学著作《人命安和集》(未完成),金石著作除《铁云藏龟》外,还有《铁云藏陶》、《铁云泥封》,诗歌方面则有《铁云诗存》。因此,他被海内外学者誉为"小说家、诗人、哲学家、音乐家、医生、企业家、数学家、藏书家、古董收藏家、水利专家、慈善家"。

  《老残游记》是刘鹗一生写作的唯一一部小说,全书共 20 回。其中前 13 回于 1903 年发表于《绣像小说》半月刊上,后因故中断,后来在《天津日日新闻》上重载完全书。刘鹗还曾写有《老残游记》续 14 回,今残存 9 回。

  小说的主角姓铁名英,号补残,别号老残,是个游方郎中。他"摇个

串铃"浪迹江湖,以行医糊口,自甘淡泊,不入宦途。但是他关心国家和民族的命运,同情人民群众所遭受的痛苦,是非分明,而且侠胆义肠,尽其所能,解人于疾苦。老残可以说是作者借以体现自己思想的人物。小说的内容是由老残在山东各地游历中的所见、所闻、所思、所感

刘鹗故居

串联起的一系列故事。书中触及的社会生活面并不是很广,但开掘的深度却远远大于当时的其他同类作品。

在作者笔下,这块风光如画、景色迷人的土地,和在这块土地上由封建官吏大逞淫威、肆意虐害百姓而造就的活地狱形成了鲜明的反差。同为清末"谴责小说"的代表作,《老残游记》与《官场现形记》、《二十年目睹之怪现状》在内容上最大的不同是,小说突出地揭露了过去文学作品中很少揭露的"清官"暴政。作者说"赃官可恨,人人知之。清官尤可恨,人多不知。盖赃官自知有病,不敢公然为非,清官则自以为不要钱,何所不可? 刚愎自用,小则杀人,大则误国,吾人亲目所见,不知凡几矣"。历来的小说都惯于揭露贪官污吏的可恶,而揭露所谓"清官"的可恶,却是从《老残游记》开始的。刘鹗笔下的"清官",其实是一些"急于要做大官"而不惜杀民邀功,用人血染红顶子的刽子手。小说成功地塑造了两个"清廉"的酷吏典型——玉贤和刚弼。他们的"清官"、"能吏"之誉,是以残酷虐政换来的。以"才能功绩卓著"而做上曹州知府的玉贤,号称"路不拾遗",揭开这一"美誉"的背面,则是滥杀无辜、冤案累累。在署理曹州府不到一年的时间内,衙门前十二个站笼便站死了两千多人,九分半是守法之民。刚弼是"清廉得格登登"的清官,他曾拒绝巨额贿赂,但却倚仗不要钱、不受贿,一味臆测断案,枉杀了很多好人。小

说中的这些清廉的酷吏,他们刚愎自用、任性妄为,愚顽而又专横,在清廉的外表之下其实掩盖着的是他们无比的冷酷残忍和无限膨胀的野心和权欲。小说还揭露了貌似贤良的昏官,山东巡抚张宫保。他"爱才若渴",搜罗奇才异能之士。表面上是个"礼贤下士"的方面大员,但事实上却很昏庸。他不辨属吏的善恶贤愚,也判断不出谋议的正确与错误。他赏识玉贤,倚重刚弼,给山东百姓带来了一系列的灾难。更为严重的是,他采用了错误的治河建议,致使黄河两岸十几万生灵遭受涂炭。作家以洞察中国历史的慧眼卓识指出:"天下大事,坏于奸臣者十之三四;坏于不通世故之君子者倒有十分之六七也。"

这部小说深刻地揭露了时弊,但也反映出刘鹗的政治立场和他思想的局限性。本书的写作是在"庚子事变"后不久,当时资产阶级旧民主革命运动蓬勃兴起,中国社会正处在民族矛盾、社会矛盾异常尖锐的关键历史时期,而刘鹗的思想感情始终是倾向于清王朝的。对于当时兴起的革命运动,他是十分痛恨和恐惧的,书中他将"北拳南革",即北方的义和团和南方的资产阶级革命派,斥责为"乱党"。小说的第一回,他把当时腐败的中国比作一艘漂浮在海上行将被风浪吞没的破旧帆船。究竟怎样才能挽救这只行将覆灭的大船呢?他认为唯一的办法是给它送去一个"最准的"外国方向盘,也就是采取一些西方文明来修补残破的国家。

作为小说,《老残游记》的结构比较松散,但在艺术成就上却是晚清小说里比较突出的。全书对人物、景物描写都很细腻生动。如大明湖的风光、黄河的冰雪、桃花山的月夜等都给人留下极为鲜明的印象。小说的语言清新流畅、富有韵味。鲁迅说它"叙景状物,时有可观"。所以早在上世纪20年代,《老残游记》中的篇目就被作为范文,选入中学语文课本。也是从那时起,这部小说就被翻译成多国文字走出国门,在国外产生了巨大影响,被联合国教科文组织认定为世界文学名著。

文字镜头里的清末历史风云——《孽海花》

风尘女子们爱恨情仇的故事一直是旧时中国社会一道别样的风景。古有苏小小、薛涛这样以歌舞诗词传为佳话的风尘才女,而一千多年后的19世纪末20世纪初,则出现了一位与历史风云两度际会的传奇女子——赛金花。赛金花,原名赵彩云,幼年时被卖到苏州的"花船"上为妓。她的传奇人生有个和大多数风尘故事一样俗套的开始:15岁的花船妓女遇见了回乡守孝的前科状元洪钧,状元郎对风尘女一见倾心,将其纳为妾室。而她后来的经历却是个你猜得到开头猜不出结局的故事。洪钧守丧期满回京后不久,便奉旨出使欧洲俄、法、荷、奥四国,因为其原配夫人畏惧华洋异俗,于是把诰命服饰借给赛金花,让她陪同洪钧出洋。年轻美貌又长于辞令的赛金花很快便闻名于欧洲上流社会。她聪明伶俐,学得了一口流利的德语,她的风姿气韵曾让德国皇帝和皇后真正见识到东方美女的风采。在欧洲的三年,是她人生传奇的第一个高潮。19世纪90年代初,她随洪钧归国,不久洪病死。在送洪氏棺柩南返苏州的途中,她出逃到上海,后辗转天津、北京,改名换姓重操旧业。1900年八国联军攻陷北京,奸、杀、掠、抢无恶不作,而慈禧带着皇帝早已逃往西安。此时,北京著名的八大胡同里,名妓赛金花因为通晓德语而迎来了人生的第二个传奇。赛金花重遇欧洲旧识,如今的八国联军总司令瓦德西,于是她借机劝说这位联军统帅整肃军纪,让北京市民少受侵扰,进而她帮助清廷展开外交手段,游说瓦德西,最终促成了八国联军和清廷议和。因此京城人对她多有感激,称之为"议和人臣赛二爷",民间还称她为"护国娘娘"。可是这位北京大恩人的后半生却是晚景凄凉。1903年她在北京因涉嫌虐待幼妓致死而入狱,解返苏州后出狱再至上海,晚年生活穷困潦倒,1936年病死于北京。赛金花生平的传说真真假假历来争议不断,而关于她的故事却一直在中国的银幕、银屏和舞台上常演不衰,更成为文人墨客笔下写不尽的题材。这其中最有名的便是《孽海花》。小说以赛金花和洪钧的婚姻生活为线索,对清朝末年的社会生活进行了全景性的描绘。就小说反映的社会生活面以及作者的创作野心而言,这部小说都超过了另外三部"谴责小说"。

《孽海花》原书署名"爱自由者起发,东亚病夫编述"。爱自由者是金松岑的笔名,东亚病夫是他的朋友曾朴的笔名。这部小说的诞生经历也颇为曲折。小说先是由金松岑写了开头的6回,后由曾朴接手,对前几回作了修改,并续写了后面部分。这本书最初的计划是写60回,两位作者共同拟定了全部的回目,但最后完成的却只有35回。其中前25回作于1904—1907年之间,后10回的写作却是在20年以后才开始,直到1930年才完成。从创作的时间看,《孽海花》已经不完全是清末的

赛金花

小说了。《孽海花》的出版曾在20世纪初期的文坛引起轰动,在不长的时间里,先后再版10余次,创下了行销10万部左右的记录。书中的人物更是风靡一时,在社会上形成一股"赛金花热"。

《孽海花》中,作者将洪钧和赛金花化名为金雯青与傅彩云。全书以状元郎金雯青与名妓傅彩云的婚姻生活故事为情节主线,串联起其他人物的活动,描述了清末同治初年到甲午战争期间上层社会文人士大夫的生活,展现了这一时期政治、外交及社会的各种情态,将30年间重要历史事件的侧影及其相关的趣闻佚事熔铸其中。因此,这部小说并不是简单的人物传记或者传奇故事。小说的主要作者曾朴是一位接受了西方思想影响的文人,所以,这部小说与其他"谴责小说"有明显的不同:在政治倾向上,它是赞成革命的;在创作宗旨上,它是被作者当作一部历史小说来写的。曾朴在《修改后要说的几句话》中曾说:"这书主干的意

义，只为我看着这 30 年，是我中国由旧到新的一个大转关，一方面文化的推移，一方面政治的变动，可惊可喜的现象，都在这时期内飞也似的进行。我就想把这些现象，合拢了它的侧影或远景和相连系的一些细节事，收摄在我笔头的摄影机上，叫它自然地一幕一幕地展现，印象上不啻目击了大事的全景一般。"由此可见，作者试图在这部小说里容纳 30 年历史的本质内容，并表现出它的发展趋势。虽然小说没能按最初的计划完成，也未能达到期望的目标，但作品的立意已是比其他"谴责小说"高出一筹。

《孽海花》的故事场景广阔，除了中国本土之外，还远及德国、俄罗斯等国。全书写了 200 多个人物，从最高统治者慈禧太后、光绪皇帝，到达官名流，再到下层社会的妓女、小厮、小偷，直至德国的交际场。小说中的人物大多以现实人物为原型，除了金雯青与傅彩云影射洪钧和赛金花之外，威毅伯实为李鸿章，唐犹辉实为康有为，梁启如即是梁启超等等，甚至有一些人物直接用了原名。据考证，小说中人物有生活原型者多达 270 余人。但是，这毕竟是一部精心构思的，将真实与艺术相结合的文学作品，因此，绝不可把它与历史生活本身同等看待。

《孽海花》的结构也颇具独创性，其串联故事的方式与《儒林外史》等作品相比更为复杂，作者曾对此作过极为形象而确切的比喻："譬如穿珠，《儒林外史》等是直穿的，拿着一根线，穿一颗算一颗，一直穿到底，是一根珠练；我是蟠曲回旋着穿的，时收时放，东西交错，不离中心，是一朵珠花。"（《修改后要说的几句话》）由于作者把 30 年间的历史重大事件连结于金、傅婚姻生活这条主线，因此，在情节上难免有牵强之处。另外，小说中也有一些杂芜枝蔓的笔墨，以及"谴责小说"或多或少都有的夸张失实的通病。然而，瑕不掩瑜，这些不足并不妨碍《孽海花》在中国小说史上占有一席重要的位置。

末世青楼的繁花一梦——《海上花列传》

镜头缓缓淡入，一桌喧闹的酒宴，行酒划拳，嬉笑嗔骂……19 世纪末期的中国，上海英租界一家名为"长三书寓"的高级妓院里，这样的夜宴每天都在上演着，倌人（妓女）与客人间的真情假意；红牌倌人之间的明争暗斗……一出出，一幕幕，你方唱罢我登场。1998年，台湾著名导演侯孝贤的影片《海上花》在法国戛纳电影节首映。昏黄的光影里，舒缓平淡的镜头下，梁朝伟、刘嘉玲、李嘉欣这些耀眼的巨星们操着吴侬软语，为观众展现了一幅乱世上海妓院里精致的浮世绘，华丽的外表下透出淡淡的哀怨。曾有法国影评人把这部《海上花》比作德拉克罗瓦的名作《阿尔及尔女人》，雷诺阿曾将此画誉为世界上最美的画作。《海上花》这部电影改编自清末长篇小说《海上花列传》。影片缓慢的节奏，昏暗的画面，疏离的情节，或许会让热爱商业大片的影迷们昏昏欲睡，但是对于了解原著的观众来说，影片这种平淡的感觉，才真是拍出了原著的韵味——"平淡而近自然"——这是鲁迅对《海上花列传》一句干脆而贴切的总结。正是这种平淡中见真实的风格，让《海上花列传》在"谴责小说"盛行的清末小说界显得与众不同，个性十足。

　　《海上花列传》是一部以上海十里洋场的妓院生活为题材的长篇小说，全书共64回，曾以《青楼宝鉴》、《海上青楼奇缘》、《海上花》等名刊行，作者署名"花也怜侬"。这位"花也怜侬"先生名叫韩邦庆，字子云，别号太仙，自署大一山人。他本是松江府（今属上海）人，曾经在河南做过官员的幕僚。光绪十七年（1891年）秋，他到北京应试不第，回到上海。他常为《申报》写稿，并于1892年自办了一份小说期刊《海上奇书》，并在此书上连载了他的小说《海上花列传》。这部小说以妓院为题材与韩邦庆自己的生活密不可分，因为他本人就是一个长期流连于妓院的瘾君子。据说他因嗜好鸦片，致使家道中落，而他写稿的笔墨之资也悉数挥霍于烟花柳巷的花丛中。他在《海上花列传》成书出版后不久病逝，年仅39岁。

　　小说以赵朴斋、赵二宝兄妹为主要线索，前半部分写赵朴斋从农村来到上海投靠舅舅洪善卿，因流连青楼而沦落至拉洋车为生；后半部分写赵母带着二宝来上海寻赵朴斋，而二宝也经不住上海的繁华诱惑，沦

中国小说入门寻味

快
乐
阅
读
书
系

为娼妓。但赵氏兄妹的故事在书中篇幅很小,只是串联起其他许多人的故事。书中以写妓院生活为主,而旁及官场和商界,及其相链接的不同社会层面,广泛描写了官僚、名士、商人、买办、纨袴子弟、地痞流氓等人的狎妓生活以及妓女的悲惨遭遇,反映出日益殖民地化的上海这个大都市的部分社会面貌。

妓院,在中国封建社会中扮演了一个很特别很有意思的角色,它固然是买卖声色的地方,是封建社会男人们的社交娱乐场所,但同时也是古代社会唯一能够滋生爱情的地方。因此,以妓女生活为题材的诗词、话本、戏曲在中国文学史上数不胜数,不过前人所作,要么流于大喜大悲的套路,要么落入低级趣味的陷阱,而这部《海上花列传》却能自成一格。书中没有才子佳人的模式,也看不到把妓院写成孕育爱情温床的浪漫笔调,更没有淫词艳曲的靡靡之音,它的与众不同就在于将妓院的生活真实深刻地展现在了读者眼前。19 世纪的上海是一座繁华的欲望都市,妓院是滋生其中的"恶之花"。作者自称此书"为劝戒而作",是以"过来人"的身份"现身说法",揭露娼家的奸诈,从而"发人深省",迷途知返。但实际上并非完全如此。对于娼家奸诈的揭露,它没有"谴责小说"那种漫画般夸张、讽刺的笔调,而是在平凡琐细的生活场景中,以平淡的白描笔法写出了嫖客以娼家为玩物,娼家则处处谋取嫖客钱财的冷酷现实,还原了生活的本来面目。

这部小说笔致细腻,人物个性真实而各具风采。诸如赵二宝的幼稚,陆秀宝的放荡,杨媛媛的诡谲,姚文君的飒爽,卫霞仙的锋利,周双玉的任性骄盈,张蕙贞的水性杨花,人各一面,跃然纸上。作者笔下,这群生活在上海底层社会的普通人,既非善亦非恶,他们只是在各自的人生处境中挣扎,堕落与沉沦着,从而显现出这种人生处境的可悲可悯。如小说的主人公之一赵二宝,一个清白而且干练的少女,在这个繁华大都市里禁受不住物欲、色欲的诱惑,只凭施瑞生的温存软款,加上一瓶香水、一件花边云滚的时装,就心甘情愿地将自己的灵与肉全部抵押给了纸醉金迷的上海。结尾处,赵二宝因受史三公子迎娶之骗,停业数月,以至人不敷出,无奈之中只得重操旧业,却无端遭到赖公子的恣意凌辱。在沉沉睡梦中她见史公子前来迎亲。忠厚美丽的赵二宝便急急叮咛母亲:妈,我们到了三公子家里,起先的事不要提起。小说便在赵二宝这场幻梦中戛然而止,不禁让人掩卷悲叹。

《海上花列传》不仅将众多的人物故事集合在一起,而且还将这些故事融合为一体,因而此书被作者称为"合传体"。为了把纷繁的故事组织起来,作者煞费苦心经营出一套自创的"穿插"、"藏闪"的方法。所谓"穿插",是指几组故事平行发展,穿插映带,首尾呼应,构成脉络贯通、立体交叉的整体布局;所谓"藏闪",则是指藏头露尾的绵密笔法,即如作者自己说的"正面文章如是如是;尚有一半反面文章藏在字句之间,令人意会"。通过这种"穿插"、"藏闪"的方法,作者将人物各自原本可以独立存在的故事打散开来重新组织,相互纠结交错地发展,营造出一波未平,一波又起的效果,进而形成整部小说较为完整的结构。

153

这部小说的语言不仅极有特色,甚至可以说相当极端。作者在描述情节过程和人物动作上都极尽节俭,而充溢全书的是大量的人物对话,人物的个性和心理,都隐现在他们的道白和潜台词里,以对话展现人物的技巧在这部小说中被发扬得淋漓尽致。《海上花列传》全书的对话全部采用苏州话写成,开启了中国方言小说的先河,是中国吴语小说的杰出代表。虽然方言的使用保存了生活的原生态,但其最大的弊端是,对于不懂吴语的读者来说犹如天书,难以体会其中的意蕴。为了便于读者理解,1926年出版的该书附了几张方言辞解作为桥梁,但对读者而言实在是帮助甚微,直到几十年后,这部小说的超级粉丝张爱玲将它翻译成国语,命名为《海上花》。真要感谢张爱玲,是她对这部小说的痴迷,才成全了今天广大不懂吴语的读者,终于可以跨过语言的障碍,跟随作者白描素笔的文字,穿越回一百年前的上海滩,走近这些如汪洋大海中飘零的繁花一般的女子,看她们如梦幻灭的人生。

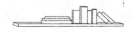

图书在版编目（CIP）数据

中国小说入门寻味／刘亚卓编著. —贵阳：

贵州人民出版社，2013.9（2021.3 重印）

ISBN 978 - 7 - 221 - 11366 - 5

Ⅰ.①中… Ⅱ.①刘… Ⅲ.①小说史 - 中国 - 青年读

物 ②小说史 - 中国 - 少年读物 Ⅳ.①I207.409 - 49

中国版本图书馆 CIP 数据核字（2013）第 201340 号

中国小说入门寻味

刘亚卓　编著

出版发行	贵州出版集团　贵州人民出版社
地　址	贵阳市中华北路 289 号
责任编辑	徐　一
封面设计	连伟娟
印　刷	三河市腾飞印务有限公司
规　格	850mm×1168mm　1/16
字　数	110 千字
印　张	10.25
版　次	2014 年 7 月第 1 版
印　次	2021 年 3 月第 2 次印刷

书　号：ISBN 978 - 7 - 221 - 11366 - 5　定　价：27.00 元

"快乐阅读"书系首批书目

语文知识类

秒杀错别字

点到为止
　　——标点符号的正确使用

当心错读误义
　　——速记多音字

错词清道夫

巧学妙用汉语虚词

别乱点鸳鸯谱
　　——汉语关联词的准确搭配

似是而非惹的祸
　　——常见语病治疗

难乎？不难！
　　——古汉语与现代汉语句法比较

作文知识类

议论文三步上篮

说明文一传到位

快速格式化
　　——常见文体范例

数学知识类

情报保护神——密码

来自航海的启发——球面几何

骰子掷出的学问——概率

数据分析的基石——统计

文学导步类

中国诗歌入门寻味

中国戏剧入门寻味

中国小说入门寻味

中国散文入门寻味

中国民间文学入门寻味

文学欣赏类

中国历代诗歌精品秀

中国历代词、曲精品秀

中国历代散文精品秀

语言文化类

趣数汉语"万能"动词

个人修养类

中国名著甲乙丙

世界名著ABC